Die

Londoner Polizeigerichte.

Von

Dr. Walther Seelmann,
Amtsrichter in Stettin.

(Sonderabdruck aus den Mitteilungen der Internationalen Kriminalistischen Vereinigung, Band XIX Heft 1.)

BERLIN 1912.

J. Guttentag, Verlagsbuchhandlung,
G. m. b. H.

Vorwort.

Rechtseinrichtungen fremder Länder erfordern eine andere Art der Darstellung als einheimische. Der Leser, dem regelmäßig dic Kenntnis des ausländischen Rechts wie die Möglichkeit eigener Beobachtung fehlen, verlangt eine anschauliche Schilderung des fremden Rechtszustandes, nicht eine lehrbuchartige theoretische Erörterung. Demgemäß galt es in der nachfolgenden Darstellung nicht sowohl das Recht der Londoner Polizeigerichte zu schreiben, als vielmehr das Londoner Polizeigericht von heute in der Gestalt, die ihm die Praxis eines Jahrhunderts gegeben hat, zu schildern, und zwar zu schildern mit allen seinen Einrichtungen, seinen Richtern und Beamten, seinem Verfahren, Tageswerk und Geschäftsbetrieb, seinem Sitzungssaal und seiner Gerichtsschreiberei, seinem Akten-, Register- und Finanzwesen. Ein lebenstreues Bild des Polizeigerichts, vielleicht das anziehendste Bild, das Londons Rechtsleben überhaupt bietet, ist zu zeichnen versucht worden. Die Zeichnung ist »nach dem Leben« gefertigt. Eigene Beobachtungen bei zweimaligem längeren Aufenthalt in London — vorzugsweise gesammelt im Bow Street police court, an dessen bench ich wochenlang sitzen durfte — sowie mündliche Mitteilungen haben den Stoff dazu geliefert. Die Schilderungen in den Büchern von Gamon, Plowden und Holmes, die Zeugnisse von Zeitgenossen, wie sie namentlich die in der Literaturübersicht erwähnten Kommissionsverhandlungen enthalten, Berichte von Behörden und Kommissionen, Formularbücher und Statistiken haben das Bild vertiefen und ergänzen helfen.

Die gewählte Darstellungsweise soll den Leser in den Stand setzen, sich über die Leistungsfähigkeit und den Wert des polizeigerichtlichen Verfahrens ein eigenes Urteil zu bilden und daraufhin selbständig zu der Frage einer Justizreform nach englischem Muster, soweit die Polizeigerichte in Frage kommen, Stellung zu nehmen. Wie die Dinge heute liegen, darf eine Betrachtung englischen Gerichtswesens an dieser Frage nicht achtlos vorübergehen. Auch die Darstellung ist ihr nicht aus dem Wege gegangen, vielmehr ist ein besonderer Abschnitt dem Vergleich zwischen dem englischen und dem deutschen System und der Abwägung der Vorteile und Nachteile beider Systeme gewidmet.

»Die Berufungen auf England sind unser Unglück.« Dieses Wort Bismarcks aus dem Jahre 1849 enthält eine beherzigenswerte Wahrheit nicht nur mit Bezug auf unsere Verfassungseinrichtungen, auf die es zunächst zielte, sondern auf unsere Rechtseinrichtungen überhaupt. Die einseitige Überschätzung des englischen Rechtswesens auf Kosten des deutschen, zu der in Deutschland eine gewisse Neigung besteht, bedeutet eine Gefahr für die deutsche Justiz. Ein Besuch Englands und das Studium englischen Gerichtswesens bewahrt vor dieser Überschätzung. Die Londoner Polizeigerichte, stets offen und zugänglich, mit ihren kurzen, leicht verständlichen Verhandlungen und den wechselvollen Bildern aus dem Großstadtleben, die sich in ihnen entrollen, sind die Stelle, wo das englische Rechtsleben am ehesten und leichtesten erfaßt werden kann. Dem Besucher des Polizeigerichts bietet sich die Darstellung als Führer an, dessen er zunächst bedarf, um sich im Gerichtssaal zurechtzufinden. Eigene Beobachtung wird ihn lehren, daß eine Überlegenheit englischer Justiz nicht vorhanden ist. England ist nicht das Idealland der Rechtspflege, als das es dem deutschen Zeitungsleser vorschwebt, höchstens ist es das Idealland der Richter, denen es allerdings eine Vorzugsstellung einräumt, wie sie der deutsche Richter in seinen kühnsten Träumen nicht zu erhoffen wagt. Und nur der deutsche Richter persönlich, nicht auch die deutsche Rechtspflege würde bei einer Justizreform nach englischem Muster zu gewinnen haben.

Vor Überschätzung warnen heißt nur von einer grundsätzlichen Nachahmung des englischen Systems abraten, nicht »England als Erzieher« schlechthin ausschalten. Im Gegenteil. In Einzelheiten kann uns England Anregungen geben und sein

Polizeigericht auch als Muster dienen. Namentlich bei der Ausgestaltung des »schleunigen Verfahrens«, welche der Entwurf einer neuen Strafprozeßordnung vorsieht, werden wir am englischen Beispiel lernen können. In England ist das Ziel »einer raschen, nicht durch unnötige Formalitäten gehemmten und energischen Handhabung der Strafrechtspflege«, das der Begründung des Entwurfs (Sp. 161) vorschwebte, erreicht. Die Vorteile eines solchen Verfahrens für unbedeutende oder einfache Sachen, seine Nachteile für andere Sachen legt eine Betrachtung der Praxis der Londoner Polizeigerichte offen; sie ergibt auch, mit welchen Verwaltungseinrichtungen und in welchen Formen es zweckmäßig durchgeführt werden kann.

Inhaltsübersicht.

Geschichtliches und Allgemeines.

Die 14 Polizeigerichte, die in London bestehen[1]), sind Sondergerichte für die Landeshauptstadt und nehmen als solche eine Ausnahmestellung im Rahmen der englischen Gerichtsverfassung ein. Ihre Einrichtung bedeutete einen Bruch mit der uralten Friedensrichterverfassung, die bis dahin ganz England beherrschte. Die Londoner Polizeirichter waren die ersten besoldeten Berufsrichter, welche die bis dahin den ehrenamtlich tätigen Laien vorbehaltene Gerichtsbarkeit übernahmen. Andere englische Städte und bevölkerte Plätze sind inzwischen dem Londoner Beispiel gefolgt, indem auch sie besoldete Berufsrichter, sogenannte stipendiary magistrates, für ihren Bereich anstellten[2]). Aber eigen- und einzigartig wie Londons Stellung unter den englischen Städten ist auch heute noch die Stellung der Londoner Polizeigerichte unter den englischen Gerichten geblieben, nicht nur wegen der besonderen Bedürfnisse, denen sie zu genügen berufen sind, sondern auch wegen der besonderen Regelung, die ihre Stellung durch die Gesetzgebung erfahren hat.

Um sie zu verstehen, ist ein Blick auf die Friedensrichterverfassung erforderlich.

Noch heute verwaltet in England und Wales der unbezahlte Laie als Friedensrichter, justice of the peace, die

---

[1]) Die Namen sind: Bow Street (das älteste), Westminster, Marylebone, Marlborough Street, Old Street, Clerkenwell, Thames, Tower Bridge, Lambeth, North London, West London, South Western, Greenwich, Woolwich.

[2]) Auf grund des stipendiary magistrates act 1863 s. 3 und des municipal corporation act 1882 s. 161; von dieser Befugnis ist erst in 20 Fällen Gebrauch gemacht. Die beiden häufig zu den Londoner Polizeigerichten gerechneten Gerichte in West- und East Ham sind nach dem Gesetz von 1882 gegründete Gerichte von stipendiary magistrates. M.P.G. 11 und Halsbury, the laws of England **19**, 546 Anm. n.

Strafgerichtsbarkeit erster Instanz in Stadt und Land. Über 20000 Männer[3]), fast ausschließlich Angehörige der besseren Stände, sind durch den König damit betraut, in der Grafschaft oder dem borough, für deren Gebiete sie bestellt sind, den Frieden zu wahren. Die Grafschaft ist wieder in Unterabteilungen (divisions) geteilt: jede division und jedes borough bildet einen Gerichtsbezirk, in dem die Friedensrichter dieses Bezirks, unterstützt von einem Berufsjuristen, dem clerk, teils kollegialisch allwöchentlich oder öfter in sogen. petty sessions, teils auch als Einzelrichter, dann jedoch nur mit sehr beschränkter Zuständigkeit, ihres Amtes walten.

Diese Friedensrichterverfassung, die ursprünglich auch in London bestanden hat[4]), erfuhr hier zunächst im Jahre 1792 eine Änderung, insofern damals neben den unbesoldeten Friedensrichtern auch eine Anzahl besoldeter Berufsrichter angestellt wurden; durchgreifend umgestaltet wurde sie dann durch den noch heute geltenden metropolitan police court act von 1839[5]), der dem Polizeigericht seinen Namen police court und auch seine heutige Gestalt gab. Vier Punkte kennzeichnen die Reform: einmal wird der Laienrichter durch den gelehrten Berufsrichter ersetzt; sodann wird die kollegiale Gerichtsbarkeit abgeschafft, der Polizeirichter ist nunmehr als Einzelrichter zuständig auch für Sachen, die die Friedensrichter nur kollegialisch, in den petty sessions, erledigen können. Ferner wird der Polizeirichter grundsätzlich auf rein richterliche Tätigkeit beschränkt: die Verwaltungsgeschäfte, die den Friedensrichtern

[3]) Viele von ihnen machen jedoch von ihrer Stellung keinen andern Gebrauch, als daß sie ihrem Namen die abgekürzte Amtsbezeichnung J. P. beifügen. Eine Statistik der tatsächlich tätigen Friedensrichter in Appendix III zu Cd. 5358, der die Verhandlungen der im Jahre 1910 eingesetzten königlichen Kommission über die Auswahl der Friedensrichter und in ihnen reiches Material über die gegenwärtige Friedensrichterverfassung enthält.

[4]) Vgl. zum folgenden M.P.G. 2 ff. und S. & B. Webb: English local government . . The parish and the council. (London 1906) 577 ff., sowie über die Geschichte des Bow Street-Gerichts: Percy Fitzgerald, chronicles of Bow Street police office, 2 Bde., London 1888.

[5]) Abdruck M.P.G. 62; ein Nachtragsgesetz, metropolitan police court act 1840, ebda. S. 77, ermächtigte den König, zu den bisher bestehenden 9 Gerichten weitere zu begründen und ihre Gerichtsbezirke abzugrenzen; demgemäß sind fünf weitere — die sog. neuen — Gerichte begründet; die Gesamtzahl ist jetzt 14.

obliegen, insbesondere die Leitung der großstädtischen, jetzt besonderen commissioners of police unterstellten Polizei, scheiden aus seiner Zuständigkeit aus. Endlich darf er nicht mehr wie die andern Friedensrichter an den Sitzungen der für Berufungen und Schwurgerichtssachen zuständigen quarter sessions[5a]) teilnehmen. Die Polizeirichter sind von nun an, was sie noch heute sind: gelehrte Einzelrichter mit einer auf die die erstinstanzliche Bagatellgerichtsbarkeit beschränkten Zuständigkeit.

Wie die Aufzählung der einzelnen Änderungen ergibt, hat man 1839 nicht, was gewiß nahe gelegen hätte, reinen Tisch gemacht, d. h. die alte Friedensrichterverfassung beseitigt und die Polizeigerichte auf eine neue Grundlage gestellt. Ein derartiges Vorgehen hätte englischer Gesetzgebungspolitik, die sich zu durchgreifenden Reformen nur schwer entschließt, nicht entsprochen. Vielmehr ist die alte Friedensrichterverfassung in London grundsätzlich aufrecht erhalten und statt einer Neuordnung eine wenig gelungene Umgestaltung und Anpassung vorgenommen. Das Ergebnis ist ein ebenso eigenartiger wie verwickelter Rechtszustand, der in seiner Systemlosigkeit für deutsche Begriffe unerhört, für englische Rechtszustände wohl typisch genannt werden darf. Bezeichnend für diesen Zustand ist, daß der Polizeirichter noch heute Friedensrichter ist, allerdings Friedensrichter so besonderer Art, daß er eher einen Gegensatz zum Normaltypus eines solchen bildet; darum muß sein Name wie der seiner unbesoldeten Kollegen in die königliche commission of the peace[6]) aufgenommen werden[7]); erst dadurch wird seine Gerichtsgewalt, die in ihrer sachlichen Zuständigkeit die friedensrichterliche geblieben ist[8]),

---

5a) Vgl. über sie unten S. 31.

6) Diese commission ist eine in Verwahrung des lord lieutenant der Grafschaft bzw. des town clerk des borough befindliches, unter dem königlichen Siegel ausgefertigtes Verzeichnis der Friedensrichter der Grafschaft bzw. des borough, das im Bedarfsfalle an den lord chancellor zwecks Aufnahme neuer Namen übersandt wird. Vgl. Cd. 5358 Index unter commission of the peace und Appendix I ebda. S. 236.

7) Vgl. App. I in Cd. 5358 S. 236: Der magistrate hat für die Aufnahme seines Namens in die commission für jede der 6 Grafschaften, für die er bestellt wird (vgl. unten S. 13), die übliche Gebühr von 1 £, zusammen also 6 £ zu entrichten.

8) Vgl. unten S. 14.

begründet. Noch eigentümlicher ist, daß neben den besoldeten Polizeirichtern immer noch die unbesoldeten Friedensrichter bestellt werden, und nicht bloß bestellt werden, sondern auch ihr Amt, das die Reform nicht beseitigt hat, noch heute mit konkurrierender Zuständigkeit ausüben.

Einen näheren Einblick in diese Verhältnisse, die durch das Nebeneinander von Neuem und Altem, von Berufs- und Laienrichtertum geschaffen sind, gewährt die Betrachtung der örtlichen Zuständigkeit der Polizeigerichte.

Die örtliche Zuständigkeit.

Die Darstelllung der örtlichen Zuständigkeit[9]) hat vier Bezirke, die konzentrisch einer im andern liegen, zu scheiden: 1. die city, 2. den eigentlichen Gerichtsbezirk (police court area), 3. den großstädtischen Polizeibezirk (metropolitan police district) und 4. den Bezirk der friedensrichterlichen commission. In jedem dieser vier Bezirke sind die Zuständigkeitsverhältnisse verschieden.

1. In der city, der Altstadt Londons, liegen kraft uralter Privilegien Polizei und Gericht noch heute in den Händen der Stadt, richten der lord mayor und die 25 city aldermen in ihren beiden im Mansion House und in der Guildhall gelegenen Gerichten als Einzelrichter über alle Delikte, die zwischen Tower und Temple bar begangen sind — eine Laienjustiz, die bei aller Gewissenhaftigkeit der Richter doch nur möglich ist, weil die Richter in der Person ihrer glänzend bezahlten, in den metropolitan police courts vorgebildeten clerks geübte Juristen zur Seite haben. Die Polizeirichter sind auf diesem nur etwa eine englische Quadratmeile großen Gebiet von jeder Gerichtsbarkeit ausgeschlossen.

2. Den eigentlichen Gerichtsbezirk der 14 Polizeigerichte bildet die Grafschaft London ausschließlich der city mit einem Flächeninhalt von 114,3 englischen Quadratmeilen und einer Einwohnerzahl von 4 800 000 Seelen; auf jeden der 25 Polizeirichter entfallen hiernach fast 200 000 Einwohner[10]).

---

[9]) Vgl. zum folgenden: Halsbury, the laws of England **19**, 561 f.

[10]) Über die Arbeitslast vgl. unten S. 67.

Der Bezirk ist entsprechend der Zahl der Polizeigerichte in 14 Unterbezirke[11]), sogen. police court divisions, in der Weise geteilt, daß jedes Polizeigericht in dem ihm zugewiesenen Bezirke liegt. Die Polizeigerichte sind also über den ganzen Bezirk zerstreut, nicht, wie die Berliner Schöffenabteilungen, alle in demselben Gebäude untergebracht.

Die Einteilung in Unterbezirke hat im wesentlichen nur administrative Bedeutung. Bestimmt auch in der Praxis regelmäßig der Tatort die Zuständigkeit der einzelnen Gerichte, so ist doch von Rechts wegen jeder magistrate, ohne Unterschied, welchem Gerichte er zugeteilt ist oder vorsitzt, für den ganzen Bezirk zuständig[12]). Eine Ausnahme machen Auslieferungssachen, für die Bow Street allein zuständig ist[13]), sowie die Strafsachen Jugendlicher, die nur in den sechs Polizeigerichten, bei denen Jugendgerichtshöfe besonders eingerichtet sind[14]), verhandelt werden.

Dieser Gerichtsbezirk ist nun das eigentliche und tatsächlich allein in Betracht kommende Herrschaftsgebiet der Polizeirichter. Ausschließlich ist aber ihre Herrschaft auch hier nicht; vielmehr walten neben ihnen noch die unbezahlten Friedensrichter, die für die county of London nach wie vor bestellt werden, in 16 petty sessional divisions und ebenso vielen eigenen Gerichtshöfen ihres Amtes[15]).

Diese county magistrates, wie sie im Gegensatz zu den metropolitan magistrates genannt werden, haben zunächst die friedensrichterlichen Verwaltungsgeschäfte, z. B. Konzessionserteilungen, für welche die Polizeirichter im allgemeinen

---

[11]) Angaben über die Grenzen M.P.G. 81 f. und Post office London directory for 1911, 1980 ff.

[12]) Cd. 374 Ziff. 1560.

[13]) Extradition cases; Näheres M.P.G. 684 ff. Der Richter erläßt auf Ersuchen des home office einen Haftbefehl und überweist nach mündlicher Verhandlung mit Beweisaufnahme im Falle hinreichenden Verdachts den Beschuldigten dem Gefängnis, indem er gleichzeitig dem home office berichtet, das dann die Auslieferung verfügt.

[14]) Vgl. children act 1908 s. 111 und M.P.G. 84.

[15]) Vgl. London citizens year book 1910 S. 135 und Cd. 5358 S. 250, wo die Namen der petty sessional divisions der Grafschaft London und die Zahl der den divisions zugeteilten Friedensrichter, die bei den einzelnen divisions zwischen 14 und 90 schwankt, angegeben ist.

nicht zuständig sind, zu erledigen; sie sind aber auch, wie bereits bemerkt, für alle der friedensrichterlichen Kognition unterliegenden Prozeßsachen, je nachdem als Einzelrichter oder als Kollegium, zuständig geblieben[16]; nur dürfen sie kraft besonderer Bestimmung des Gesetzes von 1839[17] im Polizeigerichtsbezirk für die Erledigung dieser Sachen, obwohl ihnen selbstdurch die Besoldung ihres Clerks Kosten erwachsen[18], keine Gebühren nehmen.

Die Bestimmung hat, was auch ihr Zweck war, einschränkend gewirkt, die Ausübung konkurrierender Gerichtsbarkeit durch die county magistrates jedoch nicht völlig beseitigt[19]. Die Grundsätze, nach denen sie heute ausgeübt wird, sind in den einzelnen divisions sehr verschieden. Im allgemeinen sitzen die county magistrates zu Gericht nur in Strafsachen administrativen Charakters — z. B. bei Verstößen gegen die Gesetze betreffend Maß-, Gewichts-, Armen- und Gesundheitswesen sowie in school- und rate cases[20] — überlassen aber alle übrigen Sachen der Erledigung durch die Polizeirichter. Soweit sie ihre Gerichtsbarkeit ausüben, hat der Verfolger die Wahl[21], welches von den beiden zuständigen Gerichten er angehen soll; bei dieser entscheiden sich namentlich die Gemeindebehörden aus Gründen der Gebührenersparung oder der Bequemlichkeit sowie in der Erwartung, bei den Lokalrichtern für ihre Verlangen größeres Entgegenkommen oder Verständnis zu finden, meist zugunsten der county magistrates; auch der Gesichtspunkt, daß die erkannten Strafen in diesem Falle in die Grafschaftskasse statt in die Polizeikasse

---

16) Vgl. die Tafel M.P.G. 12; eine Ausnahme machen die durch die metropolitan police acts geschaffenen, den Polizeirichtern besonders vorbehaltenen Polizeiübertretungen; vgl. M.P.G. 7.

17) s. 42, vgl. M.P.G. 3 ff.

18) Vgl. Cd. 374, Ziff. 1268: They have power to hold a court, but unfortunately no power to pay their clerk.

19) Vgl. den report in Cd. 374 S. III ff.; in dem report des 1899 bestellten Ausschusses ist der bestehende unbefriedigende Zustand ausführlich erörtert worden; den gemachten Besserungsvorschlägen ist jedoch bisher keine Folge gegeben.

20) Vgl. über diese unten S. 17.

21) Vgl. Cd. 374 S. VIII und Index unter option of courts.

fließen[22]), spielt dabei eine Rolle. Die Unzuträglichkeiten, die aus diesem Nebeneinander verschiedenartiger und verschieden urteilender Gerichte sich ergeben, haben im Jahre 1899 zur Einsetzung einer Kommission seitens des home office geführt.[19]) Sollten ihre Vorschläge[23]) noch je Gesetz werden, so werden den county magistrates die tatsächlich schon jetzt von ihnen bearbeiteten Sachen ausschließlich überwiesen und den Polizeigerichten abgenommen werden. An die Beseitigung der Laiengerichtsbarkeit, die sich bewährt und als lebensfähig erwiesen hat, denkt niemand.

3. Der großstädtische Polizeibezirk, der Amtsbereich der einheitlich organisierten Polizei von Groß-London, dehnt sich über die Grenzen der Grafschaft London in das Gebiet der benachbarten Grafschaften aus; er umfaßt etwa 700 englische Quadratmeilen mit über 7 Millionen Einwohnern. In diesem Gebiet haben die Polizeirichter, auch soweit es über ihren eigentlichen Gerichtsbezirk (2) hinausgeht, die gleiche Zuständigkeit wie in ihrem Gerichtsbezirk.[24]) Tatsächlich machen sie von ihr jedoch keinen Gebrauch; die Gerichtsbarkeit wird hier vielmehr lediglich von den county magistrates in ihren Gerichtshöfen zu Kingston, Richmond, Highgate usw. und von den stipendiary magistrates in West- und East-Ham in vollem Umfange geübt; das Verbot der Gebührenerhebung gilt für die county magistrates in diesem außerhalb des eigentlichen Gerichtsbezirkes liegenden Gebiet nicht.

4. Noch größer als der Polizeibezirk ist endlich der Bezirk, für den die Polizeirichter durch Aufnahme ihres Namens in die königliche commission kraft gesetzlicher Vorschrift[25]) zu Friedensrichtern bestellt werden. Dieser Bezirk ist riesengroß; er umfaßt nämlich außer der Grafschaft London noch die fünf anstoßenden Grafschaften. In diesem Bezirk, soweit er außerhalb der Grenzen des Polizeibezirks liegt, haben die Polizeirichter nur die allgemeine friedensrichterliche Zuständigkeit, in der Regel also nur die Befugnis, mit den andern Friedensrichtern kollegialisch zu Gericht zu sitzen. Diese

---

[22]) Vgl. M.P.G. 85 und Appendix III in Cd. 374 S. 91.

[23]) Cd. 374 S. IX.

[24]) M.P.G. 6.

[25]) M.P.C.A. 1839 s. 1 und local government act 1888 s. 40.

Befugnis wird, von einer später[26]) zu besprechenden Ausnahme abgesehen, nicht ausgeübt.

Die sachliche Zuständigkeit.

Die sachliche Zuständigkeit des Polizeirichters ist im allgemeinen die friedensrichterliche, jedoch mit der bereits erwähnten Maßgabe, daß er als Einzelrichter auch die Sachen erledigen darf, die die unbesoldeten Friedensrichter nur kollegialisch in den petty sessions erledigen können. Die Zuständigkeit ist in der Hauptsache auf Strafsachen beschränkt; doch ist ihm daneben auch die Entscheidung bestimmt gearteter Zivilsachen und die Erledigung anderer Geschäfte nicht streitiger Gerichtsbarkeit übertragen.

I.

Seine Zuständigkeit in Strafsachen ist insofern unbeschränkt, als zunächst alle Strafsachen, die kleinsten wie die größten, vor ihn kommen[27]); sie ist jedoch inhaltlich verschieden nach der Schwere der Tat.

Bei den sogen. indictable offences, d. h. den durch indictment[28]) verfolgbaren Sachen, die an sich vor die Schwurgerichte (quarter sessions oder assizes)[29]) gehören, findet vor ihm grundsätzlich nur ein Vorverfahren (preliminary procedure) statt, alle übrigen, die sogen. non indictable offences, werden dagegen von ihm selbst im summarischen Verfahren (summary procedure) entschieden. Die Grenze zwischen beiden Kategorieen Strafsachen ist durch keine allgemeine Zuständigkeitsnorm gezogen, vielmehr in zahlreichen Einzelbestimmungen von Fall zu Fall festgelegt[30]). Die Regel ist, daß die Polizei-

---

[26]) Vgl. unten S. 23 Anm. 75.

[27]) Die Ausnahmen sind praktisch bedeutungslos.

[28]) Förmliche, auf Pergament geschriebene Anklage, durch welche die grand jury (18 bis 23 Geschworene) nach Vernehmung der Anklagezeugen den Angeschuldigten vor die Spruchjury (petty jury) zur Aburteilung verweist.

[29]) Quarter sessions sind die Schwurgerichte mittlerer Ordnung, vgl. unten S. 31, assizes die Schwurgerichte höherer Ordnung, die unter dem Vorsitz eines zur Abhaltung der Schwurgerichtssitzung aus London entsandten high court-Richters tagen.

[30]) Verzeichnis der indictable und non indictable offences in Crim. Stat. 175 ff., 183 ff. Das preliminary procedure ist geregelt in dem I.O.A. 1848, des summarische im S.J.A. 1848 und 1879, Abdruck M.P.G. 165 ff., 187 ff.,

richter nur zuständig sind für Straftaten, deren Strafmaximum sechs Monate nicht übersteigt; ihre Zuständigkeit erstreckt sich also nur auf Übertretungen und leichte Vergehen im Sinne unserer Gesetze, z. B. nicht auf Diebstahl, Unterschlagung, Beleidigung, Hehlerei, und ist hiernach, verglichen mit der schöffengerichtlichen, überaus beschränkt und unzweckmäßig[31]) weit eingeengt; sie ist es und muß es sein, weil sie die allgemeine friedensrichterliche ist und zunächst auf die Laienjustiz, nicht auf die Berufsrichter berechnet ist. Sie ist noch weiter eingeengt dadurch, daß der Angeklagte bei allen Straftaten mit einem Strafrahmen von über drei Monaten Überweisung vor die Geschworenen verlangen kann[31a]). Auf der andern Seite ist sie allerdings erheblich erweitert in Strafsachen gegen Kinder, Jugendliche und geständige Angeklagte, sowie bei den wichtigsten Eigentumsdelikten mit einer Wertgrenze bis zu 40 sh., sofern die Angeklagten sich der summarischen Aburteilung unterwerfen[32]). Nur in seltenen Ausnahmefällen darf der Richter eine höhere Freiheitsstrafe als sechs Monate verhängen.[33])

In den zur Zuständigkeit der Schwurgerichte gehörenden Sachen übt der Polizeirichter annähernd die Tätigkeit aus, in die sich bei uns Untersuchungsrichter und Eröffnungskammer

---

208 ff. Die zusammenfassende Bezeichnung für die Gerichte der Friedensrichter, Polizeirichter und stipendiary magistrates ist courts of summary jurisdiction. vgl. interpretation act 1889 (M.P.G. 297 ff.) s. 13 Ziff. 11.

[31]) Vgl. Plowden 218 und Cd. 374 Ziff. 2067: our London stipendiaries cannot try the most twopenny-halfpenny case of obtaining goods under false pretences.

[31a]) S.J.A. 1879 s. 17.

[32]) Verzeichnis der »indictable offences which can be dealt with summarily« in schedule I zu S.J.A. 1879. Plowden 218 nennt es ein gratifying fact...., that an overwhelming proportion of these who are .. accused prefer that their cases should be dealt with summarily rather than that they should be sent for trial. Die Frage bleibt berechtigt, inwieweit die rigorose Anwendung der Untersuchungshaft dabei bestimmend ist. Von 2687 in der Grafschaft London 1909 vor die quarter sessions verwiesenen Angeklagten sind nur 359 gegen bail entlassen, die übrigen in Untersuchungshaft behalten, die allerdings nur in 29 Fällen 4 Wochen, vom commitment an gerechnet, überstieg. Vgl. Crim. Stat. 138.

[33]) Liepmann 47. In ganz England und Wales sind im Jahre 1909 nur 309 Freiheitsstrafen von über 6 Monaten im summarischen Verfahren verhängt, darunter 267 wegen Verstoßes gegen die prevention of crimes acts. Crim. Stat. 60 f.

teilen. Das englische Verfahren kennt keinen besonderen Untersuchungsrichter; an seine Stelle tritt der ordentliche erstinstanzliche Strafrichter (Polizei- oder Friedensrichter). Vor diesem findet das preliminary procedure statt; dieses Verfahren, von dem auch der deutsche Zeitungsleser durch die zahlreichen Spionageprozesse letzter Zeit häufiger gehört hat, dient zunächst der Aufnahme der von beiden Parteien angetretenen Beweise, namentlich der (eidlichen) Vernehmung der beiderseitigen Zeugen; es gleicht im allgemeinen dem Hauptverfahren[34]) und ist, sehr im Gegensatz zu unserer Voruntersuchung, öffentlich und kontradiktorisch und mit den weitgehendsten Garantieen zugunsten des Angeklagten umkleidet; insbesondere hat jede Zeugenvernehmung oder sonstige Beweisaufnahme in Gegenwart des Beschuldigten stattzufinden, der jederzeit, wenn er will, gehört und zum Kreuzverhör verstattet wird. Die Stoffsammlung ist hier, wie sonst im englischen Strafprozeß, der eine eigentliche Inquisitionsmaxime nicht kennt, Sache der Parteien. Die Tätigkeit des Richters erschöpft sich regelmäßig in der Entscheidung über die Verhaftung des Angeklagten, der Überwachung der Beweisaufnahme und der Schlußentscheidung nach ihrem Abschluß.

Ist der Angeklagte nach dem Ergebnis der Beweisaufnahme der Tat »hinreichend verdächtig«, nach englischer Terminologie: ist ein prima facie case made out, so spricht der Richter Überweisung vor das Schwurgericht (quarter sessions oder assizes) aus (commitment for trial), im andern Falle verfügt er die Einstellung des Verfahrens (discharge).[35]) Diese Entscheidung ist unanfechtbar.

---

[34]) Die Frage nach dem plea of guilty darf jedoch nicht gestellt werden, vielmehr wird nach Abschluß der Beweisaufnahme die folgende sog. statutory warning (I.O.A. 1848 s. 18) an den Beschuldigten gerichtet: Having heard the evidence, do you wish to say anything in answer to the charge? You are not obliged to say anything unless you desire to do so, but whatever you say will be taken down in writing and may be given in evidence against you upon your trial. Mit diesem Hinweis wird jetzt noch der andere auf die Möglichkeit eidlicher Aussage (vgl. unten S. 41) verbunden.

[35]) Diese discharge unterscheidet sich von dem acquittal, der Freisprechung nach Verhandlung vor dem Schwurgericht, und dem dismissal of the charge nach summarischer Verhandlung dadurch, daß das Verfahren jederzeit neu betrieben werden kann, Atkinson 136.

II.

Als Zivilrichter ist der Polizeirichter, neben dem Grafschaftsrichter[36]), zuständig in Streitigkeiten zwischen gewerblichen Arbeitern und ihren Arbeitgebern, wenn der eingeklagte Lohn oder Schadenersatz 10 £ nicht übersteigt, ferner bei Räumungsklagen (ejectment cases), sofern die Jahresmiete nicht höher als 20 £ ist.[37])

Des weiteren ist ihm die Entscheidung und Verhandlung in einer Anzahl sogen. quasi criminal matters übertragen. Den Fällen, sonst untereinander verschieden, ist gemeinsam, daß der magistrate eine Verurteilung zu einer Zahlung, Handlung oder Unterlassung ausspricht und diese durch Androhung und Verhängung krimineller Strafen im selben Verfahren erzwingt.

Ein Beispiel bieten zunächst die sogen. rate cases[38]): Bei Nichtzahlung der Gemeindeabgaben (local rates) wird der Schuldner durch summons[39]) auf Ansuchen der Gemeinde vorgeladen; erscheint er nicht oder hat seine Verteidigung keinen Erfolg, so erläßt der magistrate einen Befehl auf Zwangsvollstreckung (warrant of distress), und ist diese fruchtlos, einen weiteren auf Einsperrung bis zu höchstens drei Monaten (commitment to prison). Ähnlich behandelt werden die school oder education cases[40]), die in manchen Polizeigerichten jährlich nach Tausenden zählen[41]) und in ihnen eine auf die Dauer geisttötende Arbeit verursachen: Die Eltern haben ihre Kinder vom 5. bis zum 14. Lebensjahre zur Schule zu schicken. Verabsäumen sie trotz Mahnung diese Pflicht, so kann die Schulbehörde sie vor den Polizeirichter laden; dieser gibt ihnen durch attendance order auf, für den Schulbesuch zu sorgen

---

[36]) Vor dem das Verfahren jedoch kostspieliger, vgl. Gamon 55.

[37]) Employers and workmen act 1875 s. 4, small tenements recovery act 1838 s. 1. (Atkinson 464, 680). Vgl. auch M.P.C.A. 1839 s. 37—40.

[38]) Atkinson 818, vgl. über die Art ihrer Verhandlung Cd. 374 Ziff. 1655 ff.: they take, so to say, no time.

[39]) Vgl. unten S. 49.

[40]) Atkinson 447; vgl. dazu die Vernehmung des chairman of the school accomodation and attendance committee of the London school board in Cd. 374 S. 27 ff.

[41]) Cd. 2216 Ziff. 1232: manchen Nachmittag 100—150 Fälle in einem Gericht, im Jahre 1897/98 fast 16 000, ebda. Ziff. 776. vgl. auch Cd. 374 Ziff. 57.

und bestraft, falls der Befehl nicht befolgt wird, den schuldigen Teil mit Geld oder Freiheitsstrafe. Daneben kann er auch die Unterbringung des Kindes in einer Erziehungsanstalt anordnen. Auch in Alimentensachen unehelicher Kinder[42]) (cases of bastardy) kann der magistrate auf Antrag der unehelichen Mutter oder des Armenverbandes (board of guardians) den Erzeuger zur Zahlung von Unterhalt von höchstens 5 sh die Woche bei Vermeidung der Einsperrung bis zu drei Monaten verurteilen; ferner kann er in Ehesachen auf Antrag der Ehefrau hier wie überall natürlich nur nach Verhandlung, zu der der Mann geladen wird, durch sogen. separation order[43]) 1. ihr gestatten, von ihrem Mann getrennt zu leben, 2. ihr die Sorge für die Kinder übertragen, 3. den Ehemann zur Zahlung von Unterhalt bis 150 £ jährlich verurteilen und ihn, wenn er seinen Verpflichtungen böswillig nicht nachkommt, 4. zur Freiheitsstrafe verurteilen.[45]) Das Verfahren, durch das mit einem Schlage mehr erreicht wird, als bei uns drei Richter (Prozeß-, Vormundschafts- und Strafrichter) in drei verschiedenen Verfahren zustande bringen, ist sehr zweckmäßig. Die magistrates bringen es namentlich bei Verurteilung des Mannes wegen Trunkenheit oder Mißhandlung der Frau im unmittelbaren Anschluß an die Verurteilung in Anwendung.

In diesen Zusammenhang gehört auch das England eigentümliche Institut der Friedensbürgschaft.[46]) Hat jemand Grund für sich, Frau oder Kind von einem andern tätlichen Angriff zu fürchten, so braucht er nicht wie bei uns abzuwarten, bis ihm tatsächlich etwas widerfahren ist, er braucht auch nicht den andern wegen »Bedrohung« anzuzeigen und dadurch noch mehr zu reizen, sondern er wendet sich ans Gericht um Schutz. Dieses lädt seinen Widersacher vor und gibt ihm, falls der Verdacht in der Verhandlung genügend glaubhaft gemacht

---

42) S. J. (married women) act 1895 s. 5, licensing act 1902 s. 5, M.P.G. 1542, 830. Vgl. dazu Plowden 254 ff., Glover Alexander 62 ff.

43) 1909 saßen 1886 Erzeuger wegen Nichtzahlung von Alimenten im Gefängnis. Crim. Stat. 125 Anm. b.

44) Beispiel bei Oke 271 f.

45) 1909 saßen 2312 Ehemänner wegen Nichtzahlung des Unterhaltes an ihre Ehefrau im Gefängnis, Crim. Stat. 125 Anm. b.

46) Vgl. darüber Aschrott, Strafensystem und Gefängniswesen in England (1887) 98 ff.

wird, in etwas unbestimmter Formel auf, to enter into a recognizance and find sureties to keep the peace and to be of good behaviour.[47]) Der Antragsgegner muß sich danach schriftlich verpflichten, während bestimmter Zeit Frieden zu halten, für den Fall der Zuwiderhandlung aber eine bestimmte Geldsumme, etwa 10 £, zu zahlen; die Verpflichtungserklärung ist von in der Regel zwei Bürgen, die er zu stellen hat, mitzuunterschreiben; ein Ersatz der Bürgschaft durch Sicherheitsleistung ist unzulässig; aus gutem Grunde: Die Bürgen wachen im eigenen Interesse darüber, daß der Antragsgegner sich gut führt. Lehnt der Antragsgegner die Eingehung der Verpflichtung ab oder stellt er die Bürgen nicht, so trifft ihn Freiheitsstrafe bis zu 6 Monaten[48]); bricht er trotz übernommener Verpflichtung den Frieden, so ist die versprochene Geldsumme verwirkt.

Die Friedensbürgschaft, die auch statt oder neben der Strafe auferlegt werden kann, hat bei der Behandlung von Delikten Trunkener und Jugendlicher eine zweckmäßige weitere Ausgestaltung erfahren. Dem Trinker kann nämlich auch noch völlige Enthaltsamkeit und Meidung des Wirtshausbesuches während der Bewährungszeit auferlegt werden (Pollardsystem)[49]), bei Delikten Jugendlicher (bis zu 16 Jahren) aber kann dem Vater oder Vormund aufgegeben werden, ihrerseits durch recognizance für das Wohlerhalten des jugendlichen Missetäters die Gewähr zu übernehmen.[50]) Diese Maßregel zwingt die Gewalthaber im eigenen Interesse zur Führung scharfer Aufsicht. Sündigt der Jugendliche wieder, so müssen sie zahlen oder sie wandern ins Gefängnis.

III.

Neben dieser prozeßrichterlichen Tätigkeit sind den police magistrates endlich noch eine größere Anzahl in sich verschiedener Geschäfte[51]) übertragen, die nicht unter eine bestimmte

---

[47]) Vgl. Formular 20 der S. J. Rules 1886 (Atkinson 1147) und die zugehörigen Formulare 13, 36, 39, 41 und 42.

[48]) 1909 sind nicht weniger als 1149 Personen ins Gefängnis geschickt, weil sie keine Bürgen gestellt hatten. Crim. Stat. 125 Sp. 12.

[49]) Probation of offenders act 1907 s. 2 Abs. 2.

[50]) Children act 1908 s. 99 Ziff. 2.

[51]) Vgl. die Aufzählung M.P.G. 10 und Halsbury, the laws of England **19**, 575 ff.

Formel zu bringen sind: z. B. die Aufnahme von Zeugenaussagen sterbender Personen[52]), die Beeidigung von Bürgerschutzleuten (special constables)[53]) und von Rekruten, die in das stehende Heer eintreten[54]), das Verlesen des riot act[55]), eine Art Verkündigung des Belagerungszustandes, die Anordnung der Vernichtung von zur Nahrung ungeeigneten Nahrungsmitteln[56]), die Schließung von zum Wohnen ungeeigneten Häusern[57]), die Überweisung Geisteskranker in Irrenanstalten[58]) und von Trunkenbolden in Trinkerheime[59]), die Anordnung der Tötung bissiger Hunde[60]), die Anordnung der Reinigung vernachlässigter Häuser auf Kosten des Eigentümers[61]), Erteilung der Erlaubnis für Kinder zur Mitwirkung bei öffentlichen Aufführungen[62]), die Schließung von Klubs wegen Vergehens gegen die Schankgesetze[63]) u. s. f.

Die Richter.

I.

Die Polizeirichter gehen gleich den übrigen Berufsrichtern aus den Reihen der barrister hervor; einem solicitor ist der Weg zur bench des Polizeigerichts verschlossen. Eine besondere Berufsvorbildung neben der allgemeinen als barrister wird nicht verlangt; der künftige Polizeirichter hat sich also zunächst in eins der vier Londoner inns of court, der Barristerinnungen, aufnehmen zu lassen und zu diesem Behufe eine Eintrittsgebühr von 800 *M* zu zahlen und nachzuweisen, daß

---

52) Sog. dying declarations, vgl. M.P.G. 605.

53) M.P.G. 1382 ff; solche Beeidigungen sind aus Anlaß des Dockarbeiterstreiks in London im Sommer 1910 in großem Umfange vorgenommen.

54) M.P.G. 154.

55) M.P.G. 1345 ff.

56) Public health (London) act 1891 s. 117; M.P.G. 1314.

57) Ebda. s. 97, M.P.G. 1310.

58) M.P.G. 1033 ff., Atkinson 714 ff.; vgl. dazu die Kritik des Verfahrens durch Polizeirichter Mead in Cd. 374 Ziff. 1516, sowie ebda. Ziff. 679 ff.

59) Inebriates act 1898 s. 2; vgl. die Statistik in Report of the inspector under the inebriates acts 1879 to 1900 for the year 1908. Parl. Pap. by command 1910 [Cd. 5044].

60) M.P.G. 106.

61) M.P.C.A. 1839 s. 41, M.P.G. 73.

62) M P.G. 84, 154, 487.

63) Licensing (consolidation) act 1910 s. 95. M.P.G. 880. Das Register der Clubs, in denen alkoholische Getränke verkauft werden, hat der clerk des Polizeigerichts zu führen. M.P.G. 879.

er sei ein gentleman of respectability and a proper person to be admitted a student of an inn.[64]) Er hat dann in seiner Innung »seinen Weg zur bar zu essen«, d. h. drei oder vier Jahre lang die vorgeschriebenen Mahlzeiten einzunehmen und sich in der Regel durch praktische Arbeit bei einem barrister die nach deutschen Begriffen ziemlich oberflächlichen und unzureichenden Kenntnisse anzueignen, die ihn zum Bestehen des Schlußexamens befähigen. Frühestens sieben Jahre nach der Berufung zur bar kann er Polizeirichter werden; mindestens siebenjährige Praxis als barrister ist gesetzliche Anstellungsbedingung.[65]) Tatsächlich ist diese Zeit in der Regel zweifach bis dreifach überschritten. Bei den drei zuletzt angestellten Polizeirichtern waren seit ihrer Ernennung zu Barristern 28, 22 und 34 Jahre verflossen. Die Polizeirichter haben bei ihrer Anstellung meist die 50 überschritten; die Mehrheit der zur Zeit im Amt befindlichen ist über 60 Jahre alt.[66])

Nicht alle Polizeirichter haben unmittelbar bis zur Berufung an der bar praktiziert; ein großer Teil von ihnen hat vielmehr schon vorher richterliche Stellungen als recorder oder stipendiary magistrate bekleidet. Aber alle haben längere Zeit als plädierende Anwälte sich betätigt; sie haben dabei Gelegenheit gefunden, zwar nicht wissenschaftliche Tüchtigkeit oder schriftstellerische Fertigkeit zu erwerben — darauf wird wenig Wert gelegt —, wohl aber die für einen plädierenden Anwalt wertvollen Fähigkeiten, wie Schlagfertigkeit, Redegabe und Entschlußfähigkeit, sich anzueignen. Die Polizeirichter sind Männer der Praxis mit jener Sicherheit des Auftretens und jener Gewandtheit im Ausdruck, wie sie durch lange forensische Praxis erworben wird, jedenfalls in England erworben wird, wo das Plädieren als Kunst gelernt wird und zu großer Blüte ausgebildet ist.

---

64) Gerland 936.

65) Gleich steht die Bekleidung des Amtes als stipendiary magistrate, zu dem aber auch nur berufen werden kann, wer längere Zeit barrister war. Näheres bei Halsbury, the laws of England **19**, 546.

66) Kurze Angaben über den Lebenslauf sämtlicher magistrates in Debretts House of Commons and the Judicial Bench (London, 1911) 390 ff. Ein Bild sämtlicher damaligen Polizeirichter in der Nummer des Graphic vom 29. November 1902 S. 738, 739. Bilder der meisten Polizeirichter sind auch im Vanity Fair erschienen.

Die Anstellung erfolgt auf Vorschlag des Staatssekretärs des Innern seitens der Krone; das Ernennungspatent vollzieht der Lordkanzler. Die Anstellung kann, wie bei den unbesoldeten Friedensrichtern, jederzeit widerrufen werden; sie erfolgt nämlich nur during His Majestys pleasure[67]), nicht wie bei den high court-Richtern during good behaviour oder wie bei den Grafschaftsrichtern mit der Maßgabe, daß sie nur for inability or misbehaviour entlassen werden können. Diese freie Absetzbarkeit, die uns mit dem Begriffe richterlicher Unabhängigkeit schlechterdings unvereinbar scheint, zeitigt drüben keine besonderen Bedenken. Die öffentliche Meinung, das parlamentarische System und das eigene Schwergewicht der richterlichen Stellung schützen die Richter wie vor andern Eingriffen so auch vor dem Mißbrauch des Absetzungsrechts. Eine Dienstenthebung aus andern Gründen als wegen schwerer Pflichtverletzung oder bewiesener Unfähigkeit wäre verfassungswidrig und undenkbar.[68])

Bei der Anstellung wird der Name des Polizeirichters in die commission of the peace für die sechs Grafschaften, zu deren Friedensrichter er bestellt wird, aufgenommen.[69]) Gleich den andern Friedensrichtern hat er dem König Treue zu schwören und ferner zu schwören, daß er wolle do right to all manner of people after the laws and usages of this realm without fear or favour, affection or ill-will.[70]) Die Eide werden von einem high court-Richter abgenommen.

Die Polizeirichter beziehen gleich den Grafschaftsrichtern ein festes Jahresgehalt von 30000 *M*, nur der chief magistrate hat ein Einzelgehalt von 36000 *M*.[71]) Die Gehälter sind zwar mit dem fabelhaften Diensteinkommen der high court-Richter (100000 und 120000 *M*) nicht zu vergleichen, sind aber auch für englische Verhältnisse sehr bedeutend[72]); sie legen ein Zeugnis

---

67) M.P.C.A. 1839 s. 1.

68) Vgl. darüber das im home office verfaßte im Buchhandel nicht erschienene Memorandum vom Oktober 1907 »magistrates and magistrates' courts«, abgedruckt im Cd. 5358 S. 23 ff., Ziff. 413, 414 b.

69) Oben S. 13.

70) M.P.C.A. 1839 s. 3, Eidesformeln bei Atkinson 57.

71) Metropolitan police magistrates act 1875 s. 1. M.P.G. 62.

72) Beispielsweise erhalten Staatssekretäre 5000, der Postmaster general 2500, Governor und Deputy governor der Bank of England 2000 und 1500, Vice-Admirals 1460. Rear-admirals 1095, Parliamentary Under Secretaries

ab dafür, wie hoch die richterliche Tätigkeit gewertet wird, erklären sich auf der andern Seite natürlich auch dadurch, daß gesuchte barrister mit guter Praxis eine mäßig besoldete Stelle nicht leicht annehmen würden. Die Pension beträgt im Höchstbetrage zwei Drittel des Gehalts.[73])

Eine Beförderung zu höheren Posten, insbesondere zu den hohen Richterstellen, ist nicht von Rechts wegen, aber nach der bisherigen Übung tatsächlich ausgeschlossen.

Eine gehobene Stellung nimmt der dem Bow Street police court vorstehende sogen. chief magistrate[74]) — zur Zeit Sir Albert de Rutzen — ein; nähere Bestimmungen, abgesehen von der bereits erwähnten, daß er ein Gehalt von 36000 ℳ bezieht und der ferneren, daß er auch noch Friedensrichter für die Grafschaft Berkshire ist[75]), fehlen zwar auch hier wieder; nach der Ausgestaltung aber, die sie in der Praxis erfahren hat, darf die Stellung etwa mit der eines aufsichtsführenden Richters an einem großen preußischen Amtsgericht verglichen werden. Primus inter pares ohne Aufsichtsrechte über seine Amtsgenossen führt er den Vorsitz in den vorgeschriebenen[76]) Vierteljahreszusammenkünften der Richter und beruft im Bedarfsfalle auch außerordentliche Zusammenkünfte der Richter ein. Seine Tätigkeit ist in der Hauptsache Verwaltungstätigkeit; den Sitzungsdienst nimmt er wöchentlich nur ein- oder zweimal wahr. Er hat den Geschäftsverkehr mit dem home office zu besorgen, dessen Rechtsbeistand er auch in zahlreichen andern

---

1200—1500, der Generaldirektor des British Museum 1500, der Direktor der National Gallery 1000, Bibliothekare am British Museum 150—800, Oberstleutnants in der Infanterie 328, Majore 248—310, Postmasters (Postdirektoren) der metropolitan district offices etwa 600 £.

[73]) Im letzten Staatshaushalt (estimates for civil services for the year ending 31 march 1912, class VI) ist ein Richter mit einer Pension von 800 £, ein anderer mit einer durch Tod weggefallenen von 975 £ aufgeführt.

[74]) In der schwerfälligen Sprache des Anm. 71 angezogenen Gesetzes: chief of the police magistrates appointed to the metropolitan police courts in the metropolitan police district.

[75]) I.O.A. 1848 s. 31; dies deshalb, damit er während der auch vom König besuchten Rennen in Ascott dort Gericht halten kann; er fährt während dieser Zeit mit dem clerk hinüber und übernimmt den Vorsitz im dortigen petty sessional court; vgl. Encyclopaedia of the laws of England (2. ed.) **9**, 207 und oben S. 14.

[76]) M.P.C.A. 1839 s. 15. Der dort vorgesehene Vierteljahrsbericht wird nicht mehr erstattet, M.P.G. 65.

Angelegenheiten ist, durch seine Hand geht der Schriftwechsel zwischen dem home office und den übrigen Richtern. Er ist in erster Linie dafür verantwortlich, daß die Geschäfte sich glatt erledigen, erhält insbesondere in den Fällen, wo die übliche Vertretung versagt, Anzeige und hat für Abhilfe zu sorgen.

Besondere Ehrenrechte stehen den Polizeirichtern, sehr im Gegensatz zu den andern englischen Richtern, nicht zu. Sie sind auch in dieser Beziehung Friedensrichter geblieben. Der einzelne Richter heißt amtlich one of the magistrates of the police courts of the metropolis[77]); die Bezeichnung als magistrate teilt er mit den andern stipendiary magistrates und den unbesoldeten Friedensrichtern, desgleichen die ihm im Gericht zukommende Anrede: Your Worship, Euer Ehren. Der Name judge oder justice, mit dem man in England sehr sparsam ist, ist den Polizeirichtern, obschon sie Richter sind, zu ihrem Leidwesen versagt.[78]) His Honour Judge Smith ist der Grafschaftsrichter, the Honourable Mr. Justice Smith der high court-Richter, der Polizeirichter ist Mr. Smith, und weniger glücklich als jene hat er auch keinen besonderen Amtsrang, nur den allgemeinen der barrister[79]), ja nicht einmal das Recht Perrücke und Amtstracht zu tragen, oder zu fordern, daß barrister, die vor ihm auftreten, sie ihm zu Ehren anlegen. Ungebühr vor ihm ist, anders als bei high court- und county court-Richtern, nicht als contempt of court strafbar. Schlechter gestellt auch als seine deutschen Amtsgenossen, kann er sie nur durch Wortentziehung ahnden.

II.

Die Regelung des Dienstes und der dienstlichen Verhältnisse ist im wesentlichen den magistrates selbst überlassen. Zwar ist Dienstaufsichtsbehörde der Staatssekretär des Innern; seine Aufsichtsbefugnisse den Richtern gegenüber sind jedoch

[77]) Oke 420, kürzer metropolitan police magistrate (z. B. 60 & 61 Vict. c. 30 s. 2.) im Gegensatz zum stipendiary magistrate; Polizeirichter Baggallay betont Cd. 4261 Ziff. 44 837, sie seien nicht police magistrates, sondern magistrates of the police court.

[78]) Vgl. Cd. 4261 Ziff. 45 390—94, wo Polizeirichter H. Curtis Bennet den Wunsch äußert, judge of the summary jurisdiction court zu heißen.

[79]) Plowden 199.

nicht näher bestimmt[80]); tatsächlich übt er auch eine Kontrolle über die Erledigung der Dienstgeschäfte durch sie nicht aus. Bisher hat er auch von der ihm besonders verliehenen Befugnis[81]), eine Geschäftsanweisung für die police courts oder einzelne Anordnungen für die Erledigung ihrer Geschäfte zu erlassen, in den über 70 Jahren, in denen die Bestimmung besteht, noch keinen Gebrauch gemacht. Einiges wenige ist durch königliche Verordnung[82]) geregelt, nämlich die Abgrenzung der Gerichtsbezirke[83]), die Dienstzeit, die werktäglich von 10 bis 5 Uhr läuft[84]), und die Abhaltung von Jugendgerichtssitzungen.[85]) Alles andere unterliegt freier Vereinbarung der Richter und dem Ermessen der einzelnen Beamten.

Dies gilt zunächst von der Zuteilung der Richter an die einzelnen Höfe, für die an sich der Staatssekretär zuständig wäre, von den Vertretungen, dem ganzen inneren Geschäftsbetriebe und von der Verteilung der Geschäfte unter die Richter. Diese war früher, als noch jeder Gerichtshof mit zwei Richtern besetzt war, sehr einfach. Jeder Richter saß im ordentlichen

---

80) Nach M.P.C.A. 1839 s. 12 ist er befugt, den Richtern ihre Gerichte zuzuweisen und ihre Dienststunden zu bestimmen; tatsächlich tut er es jedoch nicht. Wie wenig Bedeutung das home office seinem Aufsichtsrecht beimißt, geht hervor aus der von seinem Unterstaatssekretär in Cd. 4261 Ziff. 47 706 über die Pflicht der Richter zum Bericht geäußerten Auffassung: bei Beschwerden über constables, wenn die Sache im Polizeigerichte verhandelt sei, there is nothing to compel a magistrate to give his views, but... they always give them. Vgl. auch Gerland 818 Anm. 5 und die Ausführungen in dem Anm. 68 erwähnten Memorandum, die sich allerdings vornehmlich auf die Friedensrichter beziehen: The secretary of state, as representing the crown, and as minister of justice, has a certain undefined authority over magistrates. He can call for reports from them on any matter in which he is officially concerned e. g., in a case in which application has been made for the exercise of the prerogative of mercy on behalf of a convicted person ... He not unfrequently issues circulars to all magistrates and gives advice to individual benches who may ask for it, ... The secretary of state has no power to quash or modify any orders made by magistrates, except in so far as such a power is inherent in the prerogative of mercy.

81) M.P.C.A. 1839 s. 16.

82) Sog. orders in council, vgl. M.P.C.A. 1840 s. 2 ff.

83) Vgl. oben S. 11.

84) M.P.G. 81; eine Ausnahme machen die zusammen nur mit 2 Richtern besetzten Polizeigerichte in Greenwich und Woolwich, in denen beiden ein Richter in der Weise den Dienst versieht, daß er im einen vormittags, im andern nachmittags sitzt, vgl. M.P.G. 84.

85) In 6 Gerichten je 2 mal die Woche um 2 Uhr nachmittags, M.P.G. 84.

Geschäftsbetrieb drei Tage die Woche in dem Gericht, dem er zugewiesen war, und war, von Vertretungen abgesehen, die übrigen drei Tage frei. Seit der Gründung der letzten beiden nur mit je einem Richter besetzten Gerichte[86]) müssen die Richter sämtlicher Höfe, mit Ausnahme von Bow Street, diesen stiefmütterlich behandelten Höfen aushelfen. Zu diesem Zweck sind die zwölf[87]) verbleibenden Höfe in zwei Gruppen, eine östliche und eine westliche, geteilt, die unter einander die Aushilfe besorgen. Die 11 Richter der 6 Höfe einer Abteilung haben $6 \times 6 = 36$ Sitzungstage die Woche, d. h. 8 Richter haben 3, 3 Richter 4 Tage die Woche zu sitzen; anders ausgedrückt: jeder Richter hat wöchentlich im Durchschnitt drei Tage, jede dritte oder vierte Woche aber vier Tage Sitzungsdienst.[88]) Mehr Arbeit erwächst den Richtern während der sogen. holiday period. Diese läuft vom 18. Mai bis zum 6. November und ist die Zeit, in welcher die magistrates ihren Ferienurlaub von 6 Wochen genießen. Eigentliche Gerichtsferien gibt es für die Polizeigerichte, die das ganze Jahr sitzen, natürlich nicht. Nach dem Gesetz[89]) kann sich der magistrate für die Zeit seines Urlaubs (auf seine Kosten) mit Genehmigung des Staatssekretärs einen barrister zum Vertreter bestellen. Tatsächlich vertreten sich aber die Richter untereinander und sparen die Vertretungskosten. Zu diesem Zweck wird für die holiday period ein verwickelter Ferienplan (rota) aufgestelllt, mit dem Ergebnis, daß jeder Richter 6 Wochen Urlaub erhält und

---

[86]) North London und South Western, gegründet 1887; die Besetzung dieser beiden Gerichte mit nur je einem Richter hat Anlaß zu vielen Beschwerden über Überlastung der Richter (vgl. auch unten S. 67) und zur Einsetzung einer Kommission durch das home office im Jahre 1892 gegeben, deren Bericht und Vernehmungsprotokolle über Arbeitsleistung und Geschäftsverteilung reichen Aufschluß geben. Der Bericht — C. 6962 — kommt S. 2 zu dem Ergebnis, that the system is bad, und empfiehlt S. 3, that two additional magistrates should be appointed, and as the evil which exists is a pressing one, that they should be appointed at once. 1900 hat eine andere Kommission die Vermehrung der Richter auf 27 wieder für in the interests of the public service absolutely necessary erklärt (Cd. 374 S. VII), aber ohne Erfolg. Vgl. auch das Memorandum des Polizeirichters Lushington in Cd. 374 S. XII f. und C. 6962 App. 90 ff.

[87]) Die Gerichte von Greenwich und Woolwich als eines gerechnet, vgl. Anm. 84.

[88]) Vgl. Cd. 2216 Ziff. 1060 ff. und 1328.

[89]) 32 und 33 Vict. c. 34 s. 2, M.P.G. 63.

jeder nicht auf Urlaub befindliche wöchentlich einmal vier- und einmal fünfmal zu sitzen hat.

Das Bild verschiebt sich natürlich bei Erkrankung von Richtern; auch in diesem Falle haben die andern die Vertretung zu besorgen. Eine Statistik, die für das Geschäftsjahr 1891/1892 aufgenommen ist[90]), zeigt, daß damals trotz mehrerer Krankheitsbeurlaubungen von in einem Falle über 5 Monaten und in den andern Fällen 3 Monaten, 8 Wochen und 31 Tagen Dauer, die Zahl der Arbeitstage der übrigen Richter sich bei den meisten zwischen 166 bis 185 bewegte, bei einem 201, bei zweien 207 betrug. Die Verhältnisse liegen heute noch ebenso. Die Richter haben, Urlaub und Sonntage eingerechnet, annähernd die Hälfte aller Tage im Jahre frei; und zwar sind diese »off days« nicht nur frei von Sitzungen, sondern frei von jeder Arbeit. Denn die Gestaltung des Verfahrens bringt es mit sich, daß sich ihre dienstliche Tätigkeit im Sitzungsdienst an den Sitzungstagen erschöpft. Eine Tätigkeit außerhalb der Sitzung kommt, vom Unterschriftenzeichnen abgesehen, kaum in Frage. Terminsvorbereitung und Urteilsabfassung fallen ebenso fort wie unser sonstiges amtsrichterliches Dezernat.

III.

Die Ausgestaltung, die die Stellung des Polizeirichters gefunden hat, macht sie erstrebenswert für die Tüchtigsten und sichert ihr Ansehen und Bedeutung in der Öffentlichkeit. Unabhängigkeit und Unversetzbarkeit, ein Einkommen, das den Richter auf eine Stufe stellt mit Beamten, die bei uns Räte erster Klasse oder Exzellenzen sein würden, eine Menge freier Zeit und die Befreiung von mechanischer Arbeit, das sind bereits hervorgehobene Vorzüge seiner Stellung. Hinzu kommt die ihm vom Gesetz eingeräumte souveräne Machtfülle und Ermessensfreiheit; gerade sie unterscheidet, wenn man von Äußerlichkeiten absieht, die Stellung des englischen Strafrichters so wesentlich von derjenigen des deutschen Richters[91]); der deutsche Strafrichter ist fast überall durch starre Gesetzes-

---

[90]) C. 6962 App. S. 84.

[91]) Vgl. Liepmann u. Mannhardt 86f., Mendelssohn Bartholdy, Das Imperium des Richters (1908) 182 ff.

bestimmungen in seiner Bewegungsfreiheit gehemmt — lex severa, sed ita scripta! —, der englische kann sein Ermessen frei walten und auch Gnade für Recht ergehen lassen. Insbesondere kann er in jeder Strafsache unter das zunächst vom Gesetz bestimmte Strafminimum heruntergehen und auch statt einer Gefängnisstrafe eine Geldstrafe verhängen[92]); er hat weiter die Wahl zwischen den verschiedensten Strafmitteln[93]), darf ferner statt der Verurteilung schlechthin bedingte Verurteilung oder gar Straffreiheit eintreten lassen[94]); er ist auch befugt, Stundungen, Teilzahlungen und Strafaufschub zu gewähren[95]), den Erlaß eines summons nach freiem Ermessen abzulehnen[96]), entstandene Gebühren niederzuschlagen und über Kostentragung und Kostenerstattung frei zu befinden[97]), ja er darf sogar bereits gesprochene Urteile nachträglich ohne weiteres wieder abändern.[98]) Der Gefahr Sprüche zu fällen, gegen die sein eigenes Rechtsgefühl und das seiner Volksgenossen sich auflehnt — ich denke dabei an unsern schweren Diebstahl und den gemeinschaftlichen Hausfriedensbruch — ist er so überhoben, er handhabt selbst und aus eigener Machtvollkommenheit das Recht der Strafmilderung und Begnadigung. Daß diese große Macht-

---

[92]) S.J.A. 1879 s. 4.

[93]) Vgl. z. B. children act 1908 s. 107, M.P.G. 529, wo bei Vergehen von Kindern und Jugendlichen nicht weniger als 12 verschiedene Anordnungen angegeben sind, die der Richter nach freiem Ermessen gegen den Schuldigen treffen kann.

[94]) Vgl. die bedeutsame s. 1 des probation of offenders act (M.P.G. 247): Where any person is charged before a court of summary jurisdiction with an offence punishable by such court and the court thinks that the charge is proved, but is of opinion that, having regard to the character, antecedents, age, health, or mental condition of the person charged or to the trivial nature of the offence, or to the extenuating circumstances . . it is inexpedient to inflict any punishment or any other than a nominal punishment, or that it is expedient to release the offender on probation, the court may without proceeding to conviction make an order either.

1. dismissing the information or charge or

2. discharging the offender conditionally on his entering into a recognizance, with or without sureties to be of good behaviour and to appear for conviction and sentence (zur Aburteilung im Falle schlechter Führung) when called on at any time during such period, not exceeding 3 years, as may be specified in the order.

[95]) S.J.A. 1879 s. 7.

[96]) Vgl. unten S. 50.

[97]) Vgl. unten S. 75.

[98]) Mendelssohn Bartholdy a. a. O. 126 ff., Atkinson 100.

fülle die Bedeutung seiner Stellung erhöhen muß, liegt auf der Hand. Das ist um so mehr der Fall, als er tatsächlich seine diskretionäre Gewalt in unanfechtbarer Weise übt und Rechtsmittel gegen seine Entscheidungen nicht gegeben sind.

IV.

Für Stellung und Ansehen der Richter sind Häufigkeit und Erfolg der Rechtsmittel von maßgebender Bedeutung. In Deutschland ist im Jahre 1909 von der Berufung in Strafsachen in mehr als einem Zehntel aller Fälle Gebrauch gemacht; für die ganze Grafschaft London zählte man dagegen im gleichen Jahre 38 Berufungen (appeals), d. h. auf den einzelnen Polizeirichter etwa $1^1/_2$ Berufungen das Jahr.[99])

Der Unterschied verlangt nach Erklärung; sie liegt jedenfalls nicht, wie man meinen könnte[100]), in dem großen Vertrauen des englischen Volkes zur Weisheit und Gerechtigkeit seiner Polizei- oder Berufsrichter — die unbesoldeten Friedensrichter haben in dieser Beziehung eine noch günstigere Statistik als die Polizeirichter[101]) —, eher schon im englischen Volkscharakter, dem mehr Autoritätsgefühl und weniger Kritiksucht eignet als dem deutschen, hauptsächlich aber darin, daß das Gesetz die Berufung sehr stark beschneidet und die Praxis der Ober- und Untergerichte sie vollends illusorisch macht.

Mehr als $^4/_5$ aller Urteile der Polizeirichter sind schätzungsweise der Berufung ohne weiteres entzogen[102]): Die Berufung ist zunächst ausgeschlossen bei Freisprechungen, ferner bei Verurteilungen auf Grund eines Geständnisses (plea of guilty) sowie stets, wenn der Angeklagte sich dem summarischen Verfahren unterworfen hat; in beiden Fällen kann auch nicht zwecks Herabsetzung der Strafe, nie darf zwecks Erhöhung der Strafe Berufung eingelegt werden. Von den verbleibenden

---

99) Crim. Stat. 71.

100) und z. B. Liepmann 121 annimmt; vgl. dazu Glover Alexander 65 ff., v. Lewinski, England als Erzieher? (Gruchots) Beiträge zur Erläuterung des Deutschen Rechts **51**, 31 f. Weidlich, Das Kostenwesen in England, Schottland und Irland (1909) 62.

101) Die Zahl sämtlicher Berufungen für England und Wales betrug 143, wovon 38 auf die Grafschaft London entfielen.

102) Vgl. Bromberg, Das Rechtsmittelwesen in England und Schottland (1908) 34 ff.

Verurteilungen sind endlich ohne weiteres unanfechtbar alle diejenigen, in denen auf Geldstrafe unter 3 £ erkannt ist[103]), sodaß der Berufung überhaupt nur Entscheidungen unterliegen, die höhere Geldstrafen oder Freiheitsstrafen verhängen.

In den verbleibenden Fällen die Berufung möglichst hintenan zu halten, dafür sorgt einmal die Verhängung der Untersuchungshaft, die mindestens 16 Tage, unter Umständen aber drei Monate währt, da das Berufungsgericht nur alle Vierteljahr sitzt[104]), sorgt sodann namentlich die rigorose Anwendung der kostenrechtlichen Bestimmungen.

Der Verurteilte muß nämlich, nachdem er schriftlich beim clerk die Berufung innerhalb der (regelmäßigen) Frist von sieben Tagen eingelegt hat, binnen weiteren drei Tagen mittels recognizance sich zur Verfolgung der Berufung und Zahlung der ihm vom Berufungsgericht auferlegten Kosten verpflichten.[105])

Die Erfüllung dieser Verpflichtung ist durch Bürgen oder Hinterlegung sicherzustellen. Die Bürgen haben sich jeder auf mindestens 10 £ zu verpflichten, die Hinterlegungssumme beträgt mindestens 20 £ = 400 *M.*[106]) Hierneben hat der Verurteilte für die Aufnahme der recognizance eine Gebühr von 5 sh zu zahlen.[107]) Es bedarf keines Wortes, daß von hundert Verurteilten nicht einer in der Lage ist, innerhalb der gestellten Frist die Sicherheit oder Bürgen zu beschaffen.[108]) Ein

---

[103]) Vgl. M.P.C.A. 1839 s. 50; in der Provinz ist die Berufung noch weiter eingeschränkt.

[104]) Eine eigentliche Terminsbestimmung zur Verhandlung über die Berufung findet nicht statt; vielmehr werden die Sitzungstage der quarter sessions für das ganze Jahr im voraus bestimmt (im Jahre 1910 waren es in der Grafschaft London der 7. I., 8. IV., 8. VII. und 14. X. und falls nötig die folgenden Tage) und die Berufung geht ohne weiteres an die nächsten quarter sessions, die mindestens 15 Tage nach Erlaß der angefochtenen Entscheidung sitzen (S.J.A. 1879 s. 31 Ziff. 1). Die Parteien und Zeugen finden sich zur Eröffnung der quarter sessions ein und warten unter Umständen tagelang, bis ihre Sache herankommt.

[105]) S.J.A. 1879 s. 31 Ziff. 3, Beispiel Oke 61.

[106]) Glover Alexander 66, M.P.G. 303; nach Bromberg a. a. O. 13 wäre die Regelsumme für jeden Bürgen je 40 £.

[107]) Vgl. unten S. 73.

[108]) Vgl. Cd. 5358 Ziff. 500 ff. Der principal clerk im home office meint dort, that the system of giving security for costs by means of recognisances is a somewhat cumbrous proceeding which is not altogether satisfactory; die weitere Frage, ob many appeals fail from want of money, erklärte er nicht beantworten zu können.

Armenrecht für die Berufung gibt es nicht, die Beiordnung eines Armenanwalts findet nicht statt.[109]) Nimmt man hinzu, daß eine Berufung tatsächlich aussichtslos ist, wenn sie nicht durch einen Rechtsbeistand verfolgt wird, und daß sich infolgedessen die Kosten im Durchschnitt auf mindestens 20 bis 30 £ stellen[110]), so erhellt, daß nur recht wohlhabende Leute in der Lage sind, ihre Sache in die Berufung zu bringen. Einen Anhalt dafür bietet die Statistik: fast die Hälfte sämtlicher appeals — 68 von 143 — betrafen Vergehen von Schankkonzessionsinhabern oder Automobilbesitzern gegen die Schank- oder Automobilgesetze.

Berufungsgericht über den magistrates sind die quarter sessions der Grafschaft London in Newington.[111]) Die quarter sessions sind vierteljährlich einmal zusammentretende Gerichte, die aus den Friedensrichtern der ganzen Grafschaft, soviel ihrer erscheinen, bestehen; sie sind zuständig in erster wie in zweiter Instanz; im ersteren Falle urteilen sie unter Zuziehung, im letzteren ohne Zuziehung einer Jury. In größeren Städten pflegt der Vorsitzende, der auf dem Lande von den Friedensrichtern aus ihrer Mitte gewählt wird[112]), ein Berufsjurist mit der Amtsbezeichnung recorder zu sein; entsprechend haben auch die Londoner quarter sessions, bei denen stets zwei Kollegien gleichzeitig tagen, Berufsjuristen zu Vorsitzenden. Beide, hier chairman und deputy chairman genannt, sind barrister mit 40000 bzw. 30000 ℳ Jahresgehalt; sie urteilen tatsächlich allein — die mit ihnen noch mitsitzenden unbezahlten Friedensrichter sind nur noch Dekoration —, sodaß dem Polizeirichter ein anderer Einzelrichter mit ungefähr gleicher Stellung und Vorbildung als Berufungsinstanz übergeordnet ist. Diese Tatsache würde geeignet sein, das Ansehen des Polizeirichters erheblich zu beeinträchtigen[113]), wenn die Berufungen nicht so außerordentlich selten wären; so tut sie seinem Ansehen keinen Abbruch. Der Mann aus dem Volke weiß von der Berufung

---

109) Bromberg a. a. O. 39 f.

110) Glover Alexander 67, Gerland, Die englische Gerichtsverfassung in ihrer gegenwärtigen Entwicklung. Ein Vortrag. (Berlin 1908) 58.

111) Vgl. Halsbury, the laws of England **19**, 621.

112) Da die quarter sessions auch Schwurgerichte sind, so erteilt in diesem Falle ein Laie den Geschworenen die Rechtsbelehrung (summing up)!

113) Vgl. Plowden 218.

nichts oder kann keinen Gebrauch von ihr machen. Für ihn ist das Gebot des Richters, sowie es gesprochen ist, ohne Niederschrift und Begründung, unanfechtbar und endgültig. Der Polizeirichter verkörpert für ihn die Allmacht des Gesetzes, gegen die es keine Auflehnung gibt.[114][115]

Das Gerichtspersonal.

Das Gerichtspersonal, das dem magisrate untergeordnet ist, ist bei allen Polizeigerichten im großen und ganzen das gleiche[116]; es besteht teils aus Zivilbeamten, teils aus Polizeibeamten. Zivilbeamte sind die clerks — chief clerk, second clerk[117] und meist zwei assistant clerks —, der Gerichtskastellan (court oder office keeper), der Gerichtsdiener und Hilfsgerichtsdiener (usher und assistant usher). Polizeibeamte sind der Kerkermeister, gewöhnlich ein Sergeant, und sein Gehilfe (gaoler und assistant gaoler) sowie die Zustellungs- und Vollstreckungsbeamten (warrant officers), in der Regel ein Sergeant und vier Gemeine. Die Zivilbeamten werden vom Staatssekretär des Inneren widerruflich ernannt[118], die Polizeibeamten gemäß gesetz-

[114]) Vgl. Polizeirichter Sir James Vaughan in Cd. 374 Ziff. 1684: »I say it is very important that nothing should be done . . to diminish in any way his (sc. des magistrate) importance. The people consider that the magistrate is omnipotent. They think that whatever he orders to be done must be done, and we do not altogether disabuse them of that opinion, because we think it is a very salutary thing that they should entertain that opinion with regard to the power of the magistrate.«

[115]) Neben dem appeal i. e. S. gibt es noch den sog. appeal by case stated (S.J.A. 1879 s. 33), der unserer Revision vergleichbar ist. Auf grund dieses appeal hat der clerk ein von den Parteien gewöhnlich vorentworfenes, vom Richter zu unterzeichnendes statement zu entwerfen, d. i. eine formularmäßige Darstellung des als erwiesen angesehenen Sachverhalts unter Hervorhebung der streitigen Rechtsfrage, der Parteiausführungen und der Entscheidung, und dieses dem high court zur Entscheidung über die streitige Rechtsfrage einzureichen. Die zu beobachtenden Förmlichkeiten, Anwaltskosten und Gebühren (für das statement mindestens 10 sh, recognizance 5 sh, Einreichung beim high court 30 sh) machen es wenig praktisch; in ganz England und Wales ist im Jahre 1910 nur 96 mal davon Gebrauch gemacht; vgl. Judicial Statistics 1910, Part II Civil Jud.-Stat. (Parl. papers by command 1912 [Cd. 6047]) S. 69.

[116]) Nachweisungen in Law List (1911), 1482 und in the Post office London directory for 1911, 1980 ff.

[117]) Bow Street hat 4 second clerks, weil es als Schule für die jüngeren Clerks dient.

[118]) M.P.C.A. 1839 s. 5.

licher Verpflichtung[119]) vom Polizeipräsidenten aus der Zahl der Polizisten und Sergeanten dem Gericht zur Dienstleistung überwiesen. Die Polizeibeamten, die die Uniform ihres Dienstgrades tragen, scheiden für die Dauer der Beschäftigung bei Gericht aus der Truppe aus und unterstehen wie die Zivilbeamten der Dienstaufsicht des chief clerk.

Die Stellung der clerks bedarf besonderer Betrachtung.

Die Amtsbezeichnung clerk umfaßt hier wie auch sonst bei englischen Behörden zwei völlig verschiedene Beamtenkategorieen: chief und second clerk auf der einen, die assistant clerks auf der andern Seite. Stellung und Gehalt[120]) (120 – 150 £) der assistant clerks sind subaltern; sie werden ernannt aus der Zahl der ushers, die ihre Befähigung durch eine Prüfung[121]) nachgewiesen haben; ein Aufrücken in die Stelle der höheren clerks ist ausgeschlossen. Zur Stellung eines höheren clerks bieten die deutschen Verhältnisse keine Analogie; mit der Stellung unserer Gerichtsschreiber oder Sekretäre ist ihr Amt nicht zu vergleichen. Der chief clerk ist Bureaudirektor — um ihn so zu nennen – mit einem Höchstgehalt, höher als das eines preußischen Landgerichtspräsidenten (650—700 £), der second clerk sein Stellvertreter mit einem Höchstgehalt, das etwa dem eines Amtsrichters entspricht (250—400 £). Die chief clerks, für die durch Gesetz besondere Anstellungsbedingungen vorgeschrieben sind[122]), werden in der Regel aus der Zahl der second clerks meist in der Reihenfolge des Dienstalters, diese auf Grund einer Prüfung[123]) ernannt, die im beschränkten Wettbewerb unter den von den einzelnen Zivil-

---

119) M.P.A. 1839 s. 11.

120) Vgl. über die Gehälter der clerks Whitakers Almanach 1911, 207. Der chief clerk von West Ham, der 900 £ hat, ist borough clerk. Vgl. oben Anm. 2.

121) Prüfungsgegenstände: Lesen, Schreiben nach Diktat und Abschreiben, Rechnen, englischer Aufsatz und Kenntnis der M.P.acts und M.P.C.acts und ihrer Abänderungen. Vgl. Civil Service Commission. Abstract of rules and regulations respecting examinations . . (London 1911) 68.

122) Zusammenstellung der gesetzlichen Bestimmungen bei Halsbury, the laws of England **19**, 616 f.

123) Prüfungsgegenstände sind u. a.: the S.J.acts, laws of evidence, Latein oder Französisch oder Deutsch. Vgl. die Anm. 121 angeführte Zusammenstellung S. 67.

verwaltungen dafür vorgeschlagenen Beamten erfolgt; für beide Ämter besteht eine Altersgrenze von 65 Jahren.

Der chief clerk hat die Dienstaufsicht über die Beamten des Bureau- und Polizeipersonals; er verteilt die Geschäfte nach seinem Ermessen, und ist verantwortlich für den ganzen Geschäftsbetrieb, den er durch keine amtliche Geschäftsordnung gebunden selbständig zu regeln hat.

Chief clerk und second clerk teilen sich in den Sitzungsdienst beim magistrate; die assistant clerks werden dazu nur ausnahmsweise herangezogen. Das hat seinen Grund in den Anforderungen, die der Sitzungsdienst an die Kenntnisse und Gewandtheit des clerk stellt. Zwar spielt der clerk neben dem rechtsgelehrten magistrate nicht die maßgebende Rolle, die er als einziger Jurist im Gerichte der Friedensrichter spielt und spielen muß, damit eine richtige Verhandlung und Entscheidung sowie eine konstante Praxis gewährleistet ist [124]); immerhin ist doch auch im Polizeigericht seine Tätigkeit keineswegs darauf beschränkt, die Aussagen von Zeugen und Angeklagten niederzuschreiben, vielmehr unterstützt er auch den magistrate, je nach Bedarf und Wunsch des Richters, sowohl bei der Verhandlungsleitung, namentlich durch selbständige Vernehmung der Zeugen und Angeklagten, wie auch bei der Findung seiner Entscheidung. Der clerk ist nicht nur ein sehr gewandter Protokollführer [125]), er ist auch ein Jurist, der Recht und Praxis der Polizeigerichte kennt so gut wie der magistrate selbst; er vermag der Verhandlung der Sache mit Verständnis zu folgen, hilft dem Richter mit seinem Gedächtnis und seiner Kenntnis von Gesetz und Litteratur, die er ihm im Bedarfsfalle aufschlägt und vorlegt, greift unauffällig ein, darf und soll eingreifen, wo der Richter sich irrt und steht dem Richter mit seinem Rat und Gutachten jederzeit zur Verfügung. [126]) Durch ihn erfährt das Einzelrichterprinzip im Polizeigericht eine starke Abschwächung; tatsächlich hat das Polizeigericht «two legal heads instead of one». [127]) Die tägliche Beobachtung lehrt, daß die Richter gern und häufig von der Möglichkeit, sich mit dem

---

[124]) Vgl. Glover Alexander 19, Cd. 5358 Ziff. 365, 3232, 3621.

[125]) Vgl. Holmes 33.

[126]) Vgl. Gamon 106 f.

[127]) Polizeirichter Mead in Cd. 374, Ziff. 1527.

clerk von anderen ungehört zu beraten, Gebrauch machen[128]), und ihre Aussprüche zeigen, daß sie selbst seine Dienste für unentbehrlich erachten.[129])

Zum Gerichtspersonal im weiteren Sinne gehört auch der police court missionary[130]); er ist kein Beamter, vielmehr von Privatvereinen, und zwar in der Regel von der über ganz England ausgedehnten Church of England Temperance Society angestellt.[131]) Jedes Polizeigericht hat seinen eigenen Missionar; seine Aufgabe, zu deren Erledigung ihm im Gerichtsgebäude ein eigener Raum und Zutritt zu den Diensträumen und den Gefangenenzellen gewährt wird, ist nicht nur, die trunkgefährdeten und trunksüchtigen Angeklagten für die Sache der Enthaltsamkeit zu gewinnen, sondern jedem zu helfen, der der Hilfe bedarf oder um Hilfe anspricht; er berät die Gefangenen und sorgt für ihre Familien, verschafft den Entlassenen Arbeit, bringt die Gefährdeten in Heime unter, ist bei dem Polizeigericht, dem er zugewiesen ist, zum probation officer[132]) bestellt und ist der oft in Anspruch genommene Berater und Helfer des magistrate. Er ist täglich im Polizeigericht anwesend, steht dem Richter jederzeit zur Verfügung, stellt die von ihm gewünschten Ermittelungen[133]) an und ist insbesondere

[128]) Vgl. Cd. 374, Ziff. 1719.

[129]) Plowden 264: They (sc. clerks) are simply invaluable . . . . they know so much, and know it so well, that I sometimes think of them as wasted understudies. No magistrate however capable he may be, would feel quite happy if the clerk were not at his elbow ready to pull him up if he makes a mistake . . . . . The mere fact that he is within reach is comforting and gives confidence. He is indeed as indispensable to the magistrate as an index is to an encyclopaedia.

[130]) Vgl. über sie Plowden 231 ff. und report of the departmental committee on the probation of offenders act, 1907, Parl. papers by command 1910 [Cd. 5002], Index unter police court missionaries, sowie insbesondere die Aussagen der Sekretäre der Gesellschaft dort Ziff. 218ff.

[131]) Vgl. Church of England Temperance Society (Incorporated), 49th annual report for the year ending December 31th 1910, S. XIII und 23 ff., 65; besondere Angaben über die Londoner Polizeigerichtsmission in dem Heftchen London Diocesan C. E. T. S. Police Court Mission 1909: A gallant fight.

[132]) Vgl. den report Anm. 130, probation of offenders act 1907 s. 3, 4 und die Ausführungsbestimmungen (Rules) vom 27. November 1907, Abdruck M. P. G. 251 ff., Übersetzung bei Rosenfeld, neueste englische Kriminalpolitik (1909) 97 ff.

[133]) Nach dem report Anm. 130 Ziff. 1 sind 1908 die Missionare von 9 Polizeigerichten in 4403 Fällen tätig gewesen.

zur beratenden Mitwirkung bei der Gewährung von Unterstützungen aus dem poor box[134]) berufen. Die Unterstützung und Erfahrung der Missionare sind den Richtern sehr wertvoll.

Polizei und Gericht.

I.

Polizei und Gericht stehen in engster Verbindung. Schon der Name police court deutet das an. Die Verbindung ist zunächst eine räumliche. Das Gericht ist mit der Polizeistation stets unter einem Dache. Das bietet den großen Vorteil, daß der Richter den ganzen polizeilichen Beamten- und Ermittelungsapparat zu seiner Verfügung hat. Weiter als der Arm des deutschen Strafrichters, der niemanden zur Hand hat und um die kleinste Ermittelung den Herrn Polizeipräsidenten oder Amtsvorsteher förmlich ersuchen muß, reicht der Arm seines englischen Kollegen. Ein Wort von ihm, und ein Polizist wird ausgesandt, holt den fehlenden Zeugen, bringt die benötigte Auskunft oder sieht in seinem Auftrage nach dem Rechten. Der räumliche Zusammenhang ist nur der äußere Ausdruck der straffen organisatorischen Verbindung zwischen Polizei und Gericht. Diese geht in England viel weiter als bei uns. Die großstädtische Polizei hat mit den Polizeigerichten die oberste Aufsichtsbehörde, das home office, gemeinsam, sie teilt auch mit ihm die finanzielle Verwaltung[135]), sie stellt weiter den Gerichten ihre Unterbeamten aus der aktiven Truppe, sie ordnet aber vor allem sich selbst und ihre Organe so vollkommen und so weitgehend den Anforderungen der Strafjustiz unter, daß sie selbst als Hilfs-

[134]) Ein bei jedem Polizeigericht bestehender Fonds, der durch Zuwendungen der Londoner Gilden, Legate und sonstige Schenkungen geschaffen wird. Seine Höhe ist bei den einzelnen Polizeigerichten verschieden, beläuft sich aber meist auf mehrere 100 £, betrug z. B. für das Marylebone Polizeigericht im Jahre 1910 gegen 450 £. Der Richter hat völlig freie Verfügung über den Fonds, aus dem er Belohnungen, namentlich an umsichtige oder tapfere Polizisten bewilligt, Unterstützungen an Bedürftige gewährt oder Kosten der Unterbringung von Kindern in Heime und sonstige Aufwendungen bestreitet; eine amtliche oder öffentliche Rechnungslegung findet nicht statt. Vgl. Plowden 236 und den Anm. 130 zitierten report, Index unter poor box und Ziff. 114 dieses reports. vgl. auch C. 6962 App. Ziff. 880 (chairman of the London School Board): We have had cases (sc. school cases) . . where a magistrate has fined and then promptly paid the fine out of the poor box.

[135]) Vgl. unten S. 72.

organ des Gerichts erscheint.[136]) Eine formelle Unterordnung der Polizei unter den Richter, wie sie früher bestanden hat, besteht zwar heute nicht mehr, tatsächlich betrachtet aber die Polizei auch heute noch die Unterstützung der Gerichte und die Ausführung ihrer Anordnungen als ihre Hauptpflicht. Im Gegensatz zur deutschen Polizei, die das Mädchen für alles ist, beschränkt sich ihre Aufgabe auf die eigentliche Sicherheits-(Straßen- und Kriminal-)polizei.[137]) Infolge dieser Beschränkung vermag sie ihre Beamten für die Zwecke der gerichtlichen Strafverfolgung viel besser auszubilden und sich extensiver und intensiver an der Strafverfolgung zu beteiligen als die unsere. Die Hilfe, die sie dabei leistet, erschöpft sich nicht nur wie bei uns im ersten Zugriff und in allgemeiner Ermittelungstätigkeit, sondern tritt auch in die Erscheinung in der selbständigen Erhebung der Anklage (II), dem eigentümlichen Vorverfahren bei vorläufiger Festnahme (III) und in der Rolle, welche die Polizei in der Hauptverhandlung selbst spielt (IV).

II.

Um die Stellung der Polizei als Anklägerin verständlich zu machen, bedarf es einiger Worte über Anklage und Ankläger im allgemeinen. Das englische Verfahren kennt keinen Staatsanwalt. Anklage und Durchführung der Verfolgung sind grundsätzlich Parteisache. Anklage erheben (lay information)[138]) kann von besonderen Ausnahmen abgesehen jeder; die Anklage ist regelmäßig Popularklage. Tätsächlich kommt als Ankläger (prosecutor oder informant) natürlich in erster Linie der Verletzte selbst in Betracht. Als Ankläger treten daher auf zunächst Privatpersonen, z. B. der Bestohlene oder Mißhandelte, so-

[136]) Vgl. Weidlich, Die Polizei als Grundlage und Organ der Strafrechtspflege in England, Schottland und Irland (1908) 30.

[137]) Vgl. Weidlich a. a. O. 27 ff., ferner über die Organisation der Londoner Kriminalpolizei Budding, Die Polizei in Stadt und Land in Großbritannien 35 ff., und über ihre Tätigkeit den Jahresbericht des Polizeipräsidenten in Cd. 5959.

[138]) Man unterscheidet information und complaint; erstere ist auf Erzielung krimineller Verurteilung (conviction), letzteres auf eine sonstige Anordnung (z. B. separation order, Zahlung einer Geldsumme, Räumung usw.) gerichtet. Beide können mündlich angebracht werden. Formulare für information und complaint in S. J. Rules nr. 1, Muster zur Ausfüllung des Formulars bei Atkinson 1267 ff.

dann Firmen, Handels- und andere Gesellschaften in Sachen, die ihre geschäftlichen Interessen berühren, wenn sie z. B. bei Ladendiebstählen oder Untreue von Angestellten ein Exempel statuieren wollen[138a]); des weiteren übernehmen auch die Behörden in den sie angehenden Sachen (z. B. Postbetrug, Steuerhinterziehung, Nahrungsmittelverfälschung) die Verfolgung selbst und führen sie mit mehr Sachkunde, als es ein Staatsanwalt könnte; neben den Staatsbehörden kommen für die Londoner Polizeigerichte namentlich in Frage das London county council, das seine Sachen teils durch den county solicitor, teils durch inspectors verfolgen läßt[139]), das London school board, das in school cases sich durch seine inspectors vertreten läßt[140]), und die einzelnen Gemeinden (parishes), die ihren vestry clerk oder einen von ihm beauftragten solicitor entsenden.[141]) Eine bedeutsame Rolle als Ankläger spielen auch die Vereinigungen von Gewerbetreibenden und die gemeinnützigen Vereine[142]), welche die Möglichkeit der Popularanklage zur Durchsetzung ihrer Vereinszwecke gegen Zuwiderhandelnde ausnutzen.

Das allgemeine öffentliche Interesse würde bei diesem System zu kurz kommen, wenn nicht subsidiär eine Stelle zur Übernahme der Strafverfolgung zur Verfügung stände in den Fällen, in denen sich ein privater oder sonstiger Verfolger nicht findet. Diese Stelle ist die Polizei. Die Polizei nimmt jedoch, wie besonders zu betonen, als Ankläger keine Sonderstellung ein, leitet ihr Recht zur prosecution vielmehr lediglich aus der allgemeinen Anklagebefugnis für jedermann her. Demgemäß

[138a]) Für das Jahr 1886 ist die Zahl der Gewerbetreibenden, die als Verfolger oder Zeugen in Haftsachen (charges) im Marlborough police court Termine wahrgenommen haben, auf 1578 berechnet. Vgl. C. 6962 App. S. 106, App. IX, Ziff. 11.

[139]) Verzeichnisse der Fälle, die das London county council im Jahre 1898 selbst verfolgt hat, in Cd. 374 S. 96 ff., vgl. auch ebenda Ziff. 1089, 1100.

[140]) Vgl. oben S. 17.

[141]) Vgl. beispielsweise Cd. 374 App. VI S. 95 und Ziff. 700.

[142]) Ein hervorragendes Beispiel bietet die Royal Society for the prevention of cruelty to animals. Die Gesellschaft hat 180 uniformierte Aufseher in ihrem Dienst, die die von ihnen festgestellten geeigneten Fälle von Tierquälerei als prosecutors vor Gericht selbst verfolgen. Im Jahre 1910 hat die Gesellschaft 6556 Verurteilungen wegen Tierquälerei durch ihre Beamten herbeigeführt. Vgl. R. S. for the prevention of cruelty to animals. 87th annual report. 1910.

tritt sie nicht als Behörde, tritt vielmehr ein einzelner Beamter — constable, sergeant oder inspector — regelmäßig der, welcher zugleich Zeuge der Tat war, als Verfolger auf.[143]) Ob sie die Verfolgung übernimmt, ist völlig Ermessenssache. Es herrscht also reinstes Opportunitätsprinzip. Herkömmlich verfolgt sie die Fälle, in denen ein Polizist den Täter festgenommen und die Tat selbst gesehen hat, sofern der Verletzte selbst nicht die Verfolgung übernimmt; abgesehen davon verfolgt sie durch Ausbringung von summonses[144]) namentlich Straßenpolizeiübertretungen.[145]) Doch wird die Ausbringung solcher summonses anders wie der Erlaß unserer polizeilichen Strafverfügungen in sehr engen Grenzen gehalten: Die Polizei darf keinen summons erwirken, dessen Ausbringung nicht vom Polizeipräsidenten schriftlich genehmigt ist.[146]) Grundsatz ist auch hier, die Verfolgung nach Möglichkeit dem Verletzten zu überlassen; das geht soweit, daß selbst bei schweren Delikten, z. B. Straßenraub, der eingelieferte Beschuldigte wieder freigelassen wird, wenn der Beraubte die Verfolgung nicht übernimmt und der einliefernde Schutzmann nicht Augenzeuge der Tat war.

Der Staat selbst hält sich in der Strafverfolgung sehr zurück. Er hat zwar in dem attorney general und dem ihm unterstellten director of public prosecutions ein eigenes Organ zur Erhebung und Verfolgung von Anklagen. Er greift aber, ähnlich etwa wie in Deutschland bei Entmündigungen, nur hilfsweise in Ausnahmefällen (Mordsachen, Münzverbrechen, Spionagevergehen u.s.w.) ein, in denen ein besonderes staatliches Interesse obwaltet.[147]) Die Zahl der staatlichen Verfolgungen ist entsprechend gering; sie betrug im Jahre 1909 für England und Wales im ganzen 547, im folgenden Jahre 612.[148])

---

143) Vgl. Cd. 4156 S. 46 und 133.

144) Vgl. unten S. 50.

145) Vgl. die Statistik Cd. 5959 S. 34 ff.: Danach wurden seitens der Polizei ausgebracht an summonses z. B. wegen Überschreitung der Fahrgeschwindigkeit durch Kraftfahrzeuge 3101, wegen Herumlaufenlassens von Hunden ohne Halsband 2018, gegen Fuhrwerksbesitzer 4461, wegen Übertretung der Schankgesetze 589, Fußballspielens auf offener Straße 1552, Trunkenheit auf offener Straße 1067.

146) Vgl. Cd. 4260 Ziff. 23 784—93.

147) Vgl. prosecution of offences act, 1908; Gesetz und Regulativ abgedruckt M. P. G. 268 ff.

148) Vgl. den Bericht des director of public prosecutions für 1910, House of Commons reports and papers 1911 nr. 217.

In der Praxis der Londoner Polizeigerichte spielt der staatliche Ankläger daher eine sehr geringe Rolle; die Hauptrolle als Ankläger fällt hier der Polizei und ihren Beamten zu. Die Zahlen des Jahresberichts des Londoner Polizeipräsidenten für 1910[149]) veranschaulichen diese Rolle des näheren. Danach hat die Polizei im Jahre 1910 27 986 summonses erwirkt und 116 110 Sistierungen vorgenommen; da sie auf grund der Sistierung, wie gleich zu zeigen, in der Praxis auch die Durchführung der Strafverfolgung übernimmt, so hat sie tatsächlich in mehr als 140 000 Fällen die Strafverfolgung betrieben.

III.

Die Durchführung der Anklage gestaltet sich verschieden, je nachdem eine Festnahme (apprehension) erfolgt oder nicht. Erfolgt keine Festnahme, so hat der Ankläger mündlich beim Polizeirichter den Erlaß einer gerichtlichen Vorladung (summons) zu beantragen, durch den der Beschuldigte auf einen bestimmten Wochentag Nachmittags 2 Uhr geladen wird. Erfolgt eine Festnahme, so ist der Beschuldigte durch die Polizei spätestens am folgenden Tage dem Richter vorzuführen. In diesem Falle schiebt sich zwischen Vorführung und Festnahme stets, ohne Rücksicht darauf, ob die Polizei selbst oder ein anderer der prosecutor ist, eine Art polizeiliches Vorverfahren ein, das die Grundlage für die weitere Behandlung der Sache im Gericht bildet. Der constable nämlich, der eine Sistierung vornimmt, bringt den Festgenommenen, den etwaigen Ankläger und nötigenfalls die Zeugen zur Polizeiwache; dort und zwar im sogen. charge room untersucht der Stationsvorsteher, in der Regel ein inspector, seltener ein sergeant den Sachverhalt und hört zu diesem Zweck in Gegenwart des Beschuldigten den constable, den Ankläger und die Zeugen formlos mündlich ab.[150]) Erscheint ihm die Anklage begründet, so trägt er sie in kurzen, formelhaften Worten nebst den Personalien des Angeklagten und der Zeugen in einen losen Anklagebogen (charge

---

149) Cd. 5959 S. 6 u. 46. Die Zahl der private summonses (im Gegensatz zu den police summonses) betrug 95 928.

150) Vgl. M. P. J. B. Ziff. 194 ff., abgedruckt Cd. 4156 S. 39 f., ferner die Ausführungen über die rechtliche Stellung des Stationsvorstehers in diesem Vorverfahren Cd. 4156 S. 40 ff., 75 f.

sheet)[151]) ein, liest die Eintragung dem Beschuldigten vor, läßt sie vóm Ankläger zeichnen und zeichnet sie dann selbst; falls angängig schickt er darauf den Beschuldigten und die übrigen Beteiligten mit dem charge sheet noch am selben Tage ins Polizeigericht; sonst bestellt er Zeugen, Ankläger und, sofern er ihn freiläßt, den Beschuldigten auf den nächsten Morgen 10 Uhr ebendahin.[152]) Die Haftentlassung in geeigneten Fällen zu verfügen, ist er selbständig befugt; sie erfolgt in der Regel entsprechend englischer, nachahmenswerter Rechtsgepflogenheit nur gegen bail, d. h. gegen Stellung von Bürgen[153]); diese haben sich für das Erscheinen des Beschuldigten im Gerichtstermine mittels schriftlicher recognizance derart zu verbürgen, daß sie für den Fall des Nichterscheinens des Beschuldigten eine bestimmte Summe, jeder etwa 5 £, zu zahlen versprechen. Die Polizei hilft dem Beschuldigten in sehr entgegenkommender Weise bei der Herbeischaffung der von ihm als Bürgen vorgeschlagenen Personen und läßt diese sogar mitten in der Nacht durch Vermittelung der nächstliegenden Polizeiwache, die telegraphisch oder telephonisch darum ersucht wird, aus allen Teilen Londons kostenlos heranrufen. Die Beschuldigten, die nicht «bailed out» sind, verbringen die Nacht in den Zellen der Polizeiwache und werden am nächsten Morgen dem Gericht zugeführt.

Vom rechtsvergleichenden Standpunkt bemerkenswert ist,

---

[151]) Über seine Bedeutung für das Verfahren vgl. Polizeirichter D'Eyncourt Cd. 4261 Ziff. 45 210: The charge sheet is not a formal document like an indictment, but only a statement of what the prosecution intend to charge. Vgl. ferner ebenda Ziff. 45 243 und 45 402. Der Richter ist durch den Inhalt des charge sheet nicht gebunden, kann vielmehr wegen eines andern Delikts, als in ihm angegeben, verurteilen. Üblich ist, daß in solchem Falle der Angeklagte aus dem Sitzungssaal herausgeführt, auf der Polizeistation neu angeklagt und die charge im charge sheet entsprechend berichtigt wird. Vgl. den charge sheet am Ende dieser Abhandlung. Das Muster ist entnommen aus Cd. 4156 S. 286, wo der fragliche Fall eingehend besprochen ist. P. C. Worsley ist übrigens auf Klage des von ihm verhafteten Wilson, der freigesprochen ist, im Grafschaftsgericht wegen übermäßigen Gebrauchs des Polizeiknüppels (truncheon) zu 20 £ Schadensersatz verurteilt worden.

[152]) Laden kann die Polizei selbst nicht, doch kommen die Zeugen meist freiwillig. Andernfalls muß der verfolgende Beamte beim Richter den Erlaß einer Zeugenladung (sub poena) beantragen.

[153]) M. P. I. B. Ziff. 291 ff. in Cd. 4156 S. 42 f. Die Bürgen sollen sein householders oder sonst persons of respectability and substance. M. P. I. B. Ziff. 293; vgl. auch Cd. 4261 Ziff. 45 000 u. 45 781.

daß der Stationsvorsteher auch befugt ist, die Annahme der vorgebrachten charge abzulehnen und den Beschuldigten dadurch tatsächlich außer Verfolgung zu setzen.[154]) Er hat dies zu tun, wenn der Privatankläger die Zeichnung des charge sheet und die Durchführung der Anklage verweigert; er soll es ferner tun, wenn die Festnahme als solche zu Unrecht erfolgt ist; er verweist dann den Polizisten oder sonstigen Ankläger auf den Weg des Verfahrens mit summons; er muß es aber namentlich dann tun, wenn er auf grund der Vernehmungen hinreichenden Verdacht, einen prima facie case, nicht für vorliegend erachtet. Er entläßt in diesen Fällen, ohne die charge einzutragen, und ohne weiteres Verfahren den Angeklagten aus der Haft und macht einen kurzen Vermerk über den Sachverhalt und die Gründe der Ablehnung der Anklage in dem zu diesem Zweck geführten refused charge book.[155]) Die Sache ist damit für die Polizei abgetan und die erhobene Anklage hiermit in der Regel überhaupt erledigt, wenn es auch dem Ankläger möglich bleibt, sie im Wege des summons weiter zu verfolgen.

Ein Blick auf die Statistik lehrt, daß die vorläufige Festnahme im freien England viel häufiger in Anwendung kommt als bei uns. Sie erfolgt bei fast allen schweren Delikten und häufig auch bei bloßen Straßenpolizeiübertretungen, selbst wenn die Person des Beschuldigten feststeht und Fluchtverdacht nicht vorhanden ist.[156]) Die Zahl der Strafverfahren, die mit Festnahme beginnen, übersteigt diejenige der Verfahren auf grund von summonses bedeutend.[157]) Es erhellt daraus, welche große

---

[154]) M. P. I. B. Ziff. 199: The officer on duty, before receiving a charge is to ascertain that there is reasonable ground for preferring the complaint against the accused; and unless the circumstances be such as to entitle the accuser to be believed, a charge is not to be taken.

[155]) M. P. I. B. Ziff. 227 in Cd. 4156 S. 40.

[156]) Ein Polizist muß ohne Haftbefehl festnehmen, wenn eine felony (etwa Verbrechen in unserem Sinne) vorliegt; bei zahlreichen andern Delikten, auch Übertretungen (Aufzählung M. P. G. 597 ff.) kann er es auf frischer Tat regelmäßig auch dann, wenn der Täter ihm persönlich bekannt ist. Vgl. Weidlich (Anm. 136) 51 ff.

[157]) Nach den Crim. Stat. 83 betrug im Jahre 1909 im metropolitan police district bei den indictable bzw. non indictable offences die Zahl der apprehensions 15 261 bzw. 97 381, die Zahl der summonses aber nur 188 bzw. 50 745. Die Festnahme bildet also bei ersteren so gut wie die Regel und beträgt bei letzteren auch fast noch das Doppelte der summonses.

Bedeutung die sachgemäße Aufnahme und Vorprüfung der charges durch den Polizeibeamten für die glatte Erledigung der Sachen im Gericht hat. Ohne das polizeiliche Vorverfahren und die Vorbereitung der Hauptverhandlung in ihm könnten die Richter der großen Zahl der Fälle[158]), die sie tatsächlich erledigen, nicht entferntHerr werden.[159]) Weiter leuchtet ein, daß die summarische Vorprüfung und Entscheidung der Sache im charge room an die Gewissenhaftigkeit und Fähigkeit der damit betrauten Polizeibeamten hohe Anforderungen stellt. Bei uns würde man es schwerlich wagen, einem Kriminalkommissar oder Polizeileutnant die Befugnis zur Einstellung des Verfahrens zu übertragen; in England üben diese Befugnis untergeordnete Polizeiorgane aus, die aus den Reihen der gemeinen Schutzleute hervorgegangen sind und weder eine allgemeine noch juristische Bildung, sondern nur durch lange Erfahrung erworbene Routine besitzen. Die Bedenken gegen ein derartiges System sind auch in England nicht unbemerkt geblieben[160]), sind aber in der Praxis, trotzdem von der Befugnis im weitesten Maße Gebrauch gemacht wird[161]), nicht hervorgetreten; man ist vielmehr mit der Behandlung der Sachen im charge room durchaus zufrieden.[162])

IV.

In der Hauptverhandlung ist es wieder der Polizist — P.C., wie er abgekürzt heißt —, der als Ankläger wie als Zeuge die Hauptrolle spielt. Namentlich am Vormittag, wo die charges zur Verhandlung kommen, wimmelt es im Gericht von den schwarz uniformierten Riesengestalten, die oft stundenlang ihren Dienst versäumen, ehe die Sache herankommt. Da jede Strafsache mündlich verhandelt wird, richterliche Strafbefehle und polizeiliche Strafverfügungen unbekannt sind, so erscheint der einzelne Polizist bedeutend häufiger vor der bench des

[158]) Vgl. unten S. 67.

[159]) Vgl. Weidlich a. a. O. 61.

[160]) Vgl. Cd. 4261 Ziff. 44 346, 44 503 ff.

[161]) Vgl. die Statistik im Appendix zu Cd. 4156 return 21 S. XIV ff., wonach z. B. im J. 1905 von polizeilichen charges über 2100, von charges seitens Privater über 5600 im charge room abgelehnt sind.

[162]) Cd. 4156 S. 75 f.

Polizeigerichts als der Schutzmann bei uns vor der Schranke der deutschen Schöffengerichte.

Er bekommt so gerichtliche Routine und erlangt ein sicheres und gewandtes Auftreten vor Gericht. Die Polizeibehörde legt darauf bei ihren Mannschaften großen Wert. Die Dienstanweisung für die Schutzleute enthält eingehende Vorschriften über das Benehmen des constable vor Gericht[163]), und schon der junge constable wird in der Ausbildungszeit während einiger Wochen in das Polizeigericht geführt, damit er dort hört und sieht, wie er sich zu benehmen hat.[164])

Der Erfolg ist nicht zu verkennen; die Polizisten erledigen ihre Aufgaben vor Gericht nach dem Urteil der magistrates[165]) in ausgezeichneter Weise. Nicht nur, daß sie im Gericht sicher und gewandt auftreten, Parteien und Zeugen dirigieren und abhören, selbst ihre Aussagen in sachgemäßer, knapper Form abgeben, das verzwickte Beweisrecht in den Elementen beherrschen, auch ihr ganzes Verhalten bei Behandlung jeder Strafsache ist von vornherein zugeschnitten auf die Bedürfnisse der nachfolgenden gerichtlichen Verhandlung. Ort und Stunde der Tat und der Verhaftung, die Stunde auf die Minute genau, werden von ihnen sorgfältig gemerkt, Auslassungen des Festgenommenen sofort wörtlich niedergeschrieben, die nötigen Ermittelungen angestellt, die Zeugen herangeschafft und die Überführungsstücke sichergestellt und verwahrt — kurz ihr ganzes Verhalten ist bestimmt durch den Gedanken an das gerichtliche Nachspiel. Die schnelle und sachgemäße Verhandlung der Fälle im Gerichte wird dadurch wesentlich gefördert.

---

[163]) M. P. I. B. Ziff. 314 ff. in Cd. 4156 S. 46 ff. Vgl. z. B. Ziff. 324: The police, when giving evidence at police courts . . . ., are to stand in an upright, respectful manner, speak calmly and explicitly in a clear, distinct and audible tone so that the court . . . may easily hear them, and they are to confine themselves strictly to the evidence in the case before the court. If they are able to give the exact words used, they should do so; for instance, if a prisoner has said »I have done wrong«, those words should be given, and not that the prisoner said that he had done wrong. They are not to use any low or cant expressions.

[164]) Cd. 4156 S. 15, Gamon 72.

[165]) Vgl. chief magistrate de Rutzen Cd. 4261 Ziff. 44 226: We get on uncommonly well. Magistrate Hor. Smith, ebenda Ziff. 44 600: they give their evidence excellently. Plowden 335: I feel under endless obligations to them (sc. police constables).

Als prosecutor insbesondere hat der Polizist wie jeder Ankläger to prove the case against the prisoner; er erscheint auf dem charge sheet als prosecutor und hat als solcher, wie seine Dienstvorschriften besonders hervorheben, dafür zu sorgen, daß seine Zeugen zur Terminstunde erscheinen und nötigenfalls, falls sie dies freiwillig nicht tun wollen, gerichtlich unter Strafandrohung rechtzeitig geladen werden[166]), er hat sie, bevor der Fall herankommt, um sich zu sammeln, darauf in der Verhandlung aufzurufen und zu vernehmen, die Gegenzeugen kreuzzuverhören, gegebenenfalls um Vertagung zu bitten, mit einem Worte, die Sache zu führen. Nur in schwierigen Fällen wird ihm auf Ansuchen vom Polizeipräsidenten ein Rechtsbeistand beigeordnet[167]), die Vorgesetzten als solche insbesondere der »inspector on duty«[168]) dürfen nicht eingreifen, weil sie nicht informant sind. Der constable ist daher in der Durchführung der Verfolgung in der Regel auf sich allein angewiesen, zumal auch die Richter sorgfältig vermeiden, durch Unterstützung des constable den Anschein zu erwecken, als ob sie die Verfolgung instruierten.[169]) Geschickten Angeklagten und ihren Beiständen gegenüber hat er häufig einen schweren Stand; besonders im Kreuzverhör ist er oft einer schonungslosen Kritik ausgesetzt und genötigt sein Verhalten in breitester Öffentlichkeit eindringlichen Fragen gegenüber zu rechtfertigen.[170])

Diese Öffentlichkeit ist nicht die Öffentlichkeit unserer Gerichtsverhandlungen, die der Polizist im Grunde nicht allzusehr zu scheuen hat; es ist eine Öffentlichkeit, durch die jeder Verstoß sofort an maßgebender Stelle und überall bekannt wird. Außer dem Publikum und den Pressevertretern, die nie

---

166) Cd. 4156 S. 46, 133 f.

167) M. P. I. B. Ziff. 333 ff., Cd. 4156 S. 47 f., 135 ff.

168) Vgl. über ihn M. P. I. B. Ziff. 16 (Cd. 4156 S. 53): An inspector is always to be present at every police court for the better regulation of the police who attend . . . also to mark up the cards of attendance of the officers engaged (zwecks Kontrolle der Zeit ihrer Anwesenheit), and to report any misconduct on the part of the police, or any remarks by the magistrate affecting them.

169) Vgl. Cd. 4261 Ziff. 44463 und 44837.

170) Vgl. Cd. 4156 S. 91 f., 103, 135 f.

fehlen[171]) und für polizeiliche Übergriffe stets ein besonderes Interesse zeigen, sitzen eine ganze Reihe anderer constables herum und hören zu; in dem police box lauert der police inspector, um den constable sofort zu melden, sobald die Verhandlung eine Ungehörigkeit von ihm aufdeckt, und last not least an der bench wacht der magistrate, der wie alle Engländer weniger von besonderer Achtung vor der Schutzmannsautorität als von Unduldsamkeit ihren Auswüchsen gegenüber beseelt ist. Mißbrauch der Amtsgewalt wird vom magistrate entweder mündlich gerügt (die Rüge muß der inspector on duty dann nach dem Präsidium hinmelden) oder auf dem charge sheet, der an die Station zurückgeht, vermerkt[172]); stets auch ist der constable der Gefahr ausgesetzt, daß der Richter in solchem Falle gegen ihn auf Antrag des Angeklagten einen summons wegen Körperverletzung erläßt und daß sich die Parteirollen dann vertauschen.[173])

Es liegt auf der Hand: die Notwendigkeit, die Sache in einer so gearteten Verhandlung zu vertreten und sein Verhalten zu rechtfertigen, muß beim constable starkes Verantwortlichkeitsgefühl erzeugen, erzeugt nach meiner Beobachtung namentlich bei jüngeren Polizisten sogar eine gewisse Nervosität[174]), macht ihn vorsichtig beim Einschreiten und übt so einen heilsamen Einfluß gegen Übereifer in der Strafverfolgung.[175])

Der Sitzungssaal.

Das Verfahren vor dem Polizeigericht ist nicht verständlich ohne eine Schilderung des Schauplatzes, auf dem es sich abspielt.[176])

---

171) Die Londoner Morgen- und Wochenblätter entsenden gemeinschaftlich in jedes Polizeigericht täglich zwei Berichterstatter, die während der ganzen Sitzung zugegen sind.

172) Vgl. Anm. 168 und Cd. 4261 Ziff. 44227, 44918.

173) Vgl. Cd. 4156 S. 67 und Cd. 4261 Ziff. 45040, 52067.

174) Vgl. Polizeirichter Baggallay Cd. 4261 Ziff. 44894: I do not think they (sc. die Angeklagten) are so much frightened of the magistrate as the police are.

175) Hinzukommt, daß die Polizisten, die nachts eine Festnahme bewirken und um 6 Uhr morgens dienstfrei werden, wegen der Sache um 10 Uhr im Polizeigericht erscheinen müssen und infolge der Festnahme die Möglichkeit, sich am Tage auszuschlafen, verlieren. Vgl. Cd. 4260 Ziff. 57.

176) Grundriß des Tower Brigde police court bei Gamon S. XVIII, Beschreibung ebenda 57 ff. Grundriß eines Sitzungssaals am Ende dieser Abhandlung S. 80.

Das Gericht steht in räumlicher Verbindung mit der Polizeiwache, die im selben Hause ist; es hat in der Regel nur einen Sitzungssaal. Der Sitzungssaal (court room), der zu ebener Erde liegt, ist in den neueren Gebäuden gewöhnlich ein großer, hoher, luftiger und gut ventilierter Raum mit Oberlicht ohne Seitenfenster. An der einen Schmalseite, auf einem etwa 3 Stufen hohen Podium und abgeschlossen durch eine von einer Wand zur anderen laufende Schranke, ist der Platz des Richters, die sogen. bench. Hier thront hinter einem Tisch mit Pultauflage und einigen Handbüchern auf mächtigem ledergepolstertem Armstuhl — womöglich unter wappengeschmücktem Baldachin mit Seitenvorhängen — als einziger in splendid isolation der magistrate. Unmittelbar vor ihm auf einem eine Stufe niedrigeren Podium an einem zum Richtertisch quer gestellten kleinen Tisch sitzt seitlich zum Richter der clerk mit dem Gesicht nach dem Zeugenstand (witness box). Dieser eine nach hinten geschlossene, überdachte Loge auf gleichem Podium mit dem Platz des clerk ist zur rechten Hand des Richters unmittelbar neben der Schranke, etwa an der Stelle, die bei uns die Anklagebank einnimmt. Auf der anderen Seite, zur Linken des Richters, im Rücken des clerks findet sich der gleichfalls nach allen Seiten durch Schranken abgeschlossene Platz für «counsel only» wie die Aufschrift besagt, d. i. für die selten im Polizeigerichte auftretenden barristers; gegenüber dem Richter zur ebenen Erde, im Rücken wiederum durch eine Schranke abgeschlossen, sind Tisch und Bank für die solicitors und sonstigen Parteivertreter, auch den öffentlichen Ankläger, soweit er nicht als barrister den Platz für counsel in Anspruch nehmen darf. Hinter dieser Schranke und durch einen schmalen Durchgang von ihr getrennt erhebt sich die Anklagebank (dock), ein erhöhter der bench zugewandter, bis zur Brusthöhe eingegitterter Raum nebst Bank, mit Öffnungen an der Schmalseite, die nach der Tür mit der Aufschrift »Prisoners only« zuliegt. Erst hinter der Anklagebank ist die Bank für die Zeugen und dahinter durch eine neue Schranke abgegrenzt ein Raum für das Publikum mit entweder sehr beschränkter Sitzgelegenheit oder auch ohne eine solche.[176a])

176a) Vgl. Cd. 374 Ziff. 1046, Gamon 71, 111.

Im Vergleiche zu deutschen Verhältnissen ist demnach für die Bequemlichkeit der durch die Zuhörer dargestellten Öffentlichkeit recht schlecht gesorgt; dagegen sind, wie sich für England von selbst versteht, für die berufsmäßige Vertretung der Öffentlichkeit, die Presse und ihre Reporter, die in keiner Sitzung fehlen, besondere Plätze mit Tischen und Bänken vorgesehen; auch der inspector on duty[177]), der assistant gaoler und der usher haben ihre bestimmten Plätze, der inspector in dem sogen. police box, der gaoler neben dem dock, der des Eides waltende[178]) usher neben dem witness box.

Die so geschilderte Anordnung ist den Londoner Polizeigerichten nicht eigentümlich, kehrt vielmehr in ihren wesentlichen Grundzügen auch in den andern Gerichtssälen wieder. Ihre Abweichungen von der bei uns zu Lande üblichen erklären sich zum Teil aus der Verschiedenheit des Verfahrens. Ein besonderer Platz für den privaten oder öffentlichen Ankläger fehlt. Er hat, und wenn er der Generalstaatsanwalt (attorney general) selbst ist, die gleiche Stellung im Verfahren wie der Verteidiger[179]) und darum im Hofe neben ihm auf der Bank, nicht über ihm an der bench seinen Platz. Der Zeuge wird grundsätzlich nicht vom Richter, sondern von den Parteien vernommen[180]) und steht darum nicht dem Richter gegenüber, sondern so, daß die Parteien und der Richter ihn gleichmäßig vor sich haben. In einer Stellung, wie sie bei uns der Angeklagte hat, allen zugewandt und aller Augen ausgesetzt, und noch dazu von erhöhter Stelle, hat der Zeuge seine Aussage zu machen. Der Angeklagte dagegen steht Auge in Auge mit dem Richter und mit dem Rücken gegen das Publikum, dem er die Aussicht nimmt und das ihn nicht stört; von ferne und gleichsam abseits folgt er der Verhandlung, der Sache[181]) wie der äußeren Erscheinung nach nicht als Mitwirkender, sondern als ein Hörer in bevorzugter Stellung, der, wenn er reden will, reden kann, aber mit Fragen nicht behelligt wird und nur wartet, ob es dem Ankläger gelingt, ihm seine Schuld zu beweisen.

---

177) Vgl. Anm. 168.
178) Vgl. unten S. 59.
179) Vgl. unten S. 64.
180) Vgl. unten S. 62f.
181) Vgl. unten S. 61.

Vom Sitzungssaal führt eine für den magistrate bestimmte Tür hinter seinem Armstuhl in sein gemütlich und gut ausgestattetes Privatzimmer, eine andere mit der Aufschrift prisoners zum prisoners waiting room; wieder andere mit der Aufschrift counsel and solicitors only, witnesses und public entrance führen zu den Korridoren und ins Freie.

Die Sitzung.

I.

Ein Tag im Polizeigericht.[182]) Der Zeiger der Uhr gegenüber dem Richtersitz zeigt $^1/_2$11 Uhr vormittags. Der Zuhörerraum ist noch geschlossen und leer; im Raum um die Anklagebank sitzen oder stehen dreißig bis vierzig Leute jeden Alters, Geschlechts und Standes in langer Reihe geordnet, die nach dem Zeugenstand zu ausläuft. Der usher nimmt seinen Platz neben dem Zeugenstand ein, ein mahnendes silence ertönt aus seinem Munde, alles erhebt sich von den Sitzen[183]) — der magistrate tritt ein und nimmt an der bench seinen Sitz ein.

Es ist »application time«[184]); alle, die warten, haben irgend ein Anliegen an den magistrate; einer nach dem andern tritt in den Zeugenstand und bringt sein Anliegen selbst oder auch durch den usher vor; der Inhalt ist mannigfach.

In vielen Fällen ist es ein summons, der erbeten wird. Polizeiliche Strafverfügungen und richterliche Strafbefehle kennt England nicht; jede Sache wird mündlich verhandelt. Falls nicht Verhaftung oder Vorführung zum Verfahren den Anstoß gibt, hat der Verfolger den Erlaß einer Vorladung vor das Polizeigericht, des summons, zu beantragen. Verfolger ist nach Maßgabe der früheren Darlegungen bald die Polizei, in diesen Fällen meist vertreten durch den inspector on duty, bald eine Behörde, ein Verein, eine Firma oder eine Privatperson. Polizei und Behörden erhalten ihre Ladungen in der

---

182) Kurze Schilderungen von Polizeirichtern über ihr day's work in Cd. 2216 Ziff. 1025 und 1228.

183) Eine Ehrenbezeugung, die jedem englischen Richter, auch den Friedensrichtern, beim Eintritt in den Sitzungssaal zuteil wird.

184) Vgl. darüber Plowden 265 f., Holmes 27 ff., Gamon 76 ff., Greenwood 14 ff., auch Mendelssohn Bartholdy, das Imperium des Richters (1908) 66 ff. u. passim, der eine größere Anzahl Fälle aus Londoner Polizeigerichten mitteilt.

Regel ohne nähere Begründung und Prüfung in Bausch und Bogen bewilligt, die andern müssen kurz den Sachverhalt vortragen. Jeder kann unangemeldet kommen, auch Kinder, schriftliche Gesuche sind nicht zugelassen. Gewährung und Versagung stehen im Ermessen des Richters.[185]) Kleinliche, schikanöse oder offenbar unbegründete Gesuche und solche, bei denen ein berechtigtes Interesse nicht ersichtlich ist, verfallen der kostenlosen, mündlichen und unbeurkundeten[186]) Ablehnung; mit einem: »I shan't give you a summons« geht der Richter zum nächsten Fall über. Im Falle der gleichfalls nur mündlich erklärten Gewährung (»take a summons«) bekommt der Gesuchsteller vom usher einen Zettel mit einem entsprechenden Vermerk und geht damit zum clerk in die Gerichtsschreiberei. Der clerk fertigt, sofern nicht vom magistrate eine free summons bewilligt ist, gegen Zahlung der Gebühr von 2 sh durch den Gesuchsteller[187]), den summons aus, legt ihn dem magistrate zur Unterschrift vor und gibt ihn dem Zustellungsbeamten (warrant officer) zur Zustellung an den Beklagten oder Angeklagten, der eine Abschrift erhält, während die Urschrift bei Gericht verbleibt.

Seiner Form nach[188]) stellt sich der summons als gerichtliche Vorladung zu dem in ihm bezeichneten Termin unter kurzer Angabe der vorgebrachten Beschwerde dar; der Inhalt kann so mannigfach sein wie die Sachen, die in den Geschäftskreis des magistrate fallen. Die Polizei, die wegen Straßenpolizeiübertretung vorgeht, der Prinzipal, der einen Diebstahl zur Anzeige bringt, der Arbeiter, der seinen Lohn nicht bekommen kann, der Hauswirt, der Räumung verlangt, die Ehefrau, die mit Hilfe eines separation order[189]) von ihrem trunksüchtigen Mann los will, der Vater, der den Lehrer seines geprügelten Sohnes wegen assault belangt, Frau X, die von Frau Y eine Tracht Schläge angedroht bekommen hat und sich dagegen durch Friedensbürgschaft schützen möchte — sie alle beantragen und erhalten unterschiedslos ihren summons.

---

[185]) Gamon 83, Polizeirichter Sir J. Bridge in Cd. 374, Ziff. 1345.
[186]) Vgl. unten S. 60.
[187]) Vgl. unten S. 73.
[188]) Vgl. S. J. Rules, Form. nr. 2.
[189]) Vgl. oben S. 18.

Zu diesen Gesuchstellern gesellen sich andere, die Rat suchen, nichts weiter wollen als einen Rat: »Please tell me, Sir, what I am to do«, und dann folgt, was sie bedrückt. Es ist nirgends vorgeschrieben, ist aber üblich, daß der magistrate während der application time kostenfrei als poor mans lawyer Rat erteilt.[190]) Es ist nicht immer rechtliche Belehrung, die erbeten wird; manch einer kommt, um dem magistrate sein Herz auszuschütten und den Rat oder auch nur den Zuspruch eines erfahrenen Mannes zu hören: der Mann, dem die Frau durch ihre Trunksucht das Leben zur Hölle macht, die Mutter, die mit dem Sohn nicht fertig wird, der Reisende, dem der Gastwirt das Gepäck einbehält, die Frau, die sich durch Nachstellungen bedroht fühlt, der Nervöse, den des Nachbars Klavierspiel nicht schlafen läßt, die Geisteskranke, die Schutz gegen eingebildete Vergiftungsversuche begehrt, die Frau, deren Mann ins Gefängnis gesandt und die mit den Kindern brotlos dasteht, u. s. f. Häufig ist der Rat, »take a summons«, manchmal verspricht der magistrate, einen Polizisten zu senden, der nach dem rechten sieht, dann wieder weist er den Gerichtsmissionar an, sich der Sache anzunehmen, oder er erfreut den Bittsteller durch eine Zuwendung aus dem poor box; manch einer aller-

[190]) Vgl. Polizeirichter Sir J. Vaughan Cd. 374, Ziff. 1684: The police courts are exceedingly important in the estimation of the public, and I think that the police court has been rightly designated the poor man's court. It is to our courts that the poor resort with confidence. They come and lay before a magistrate their various troubles, their sorrows, their difficulties, and cases of oppression, which they have met with, and they require and ask for assistance and advice. That advice is given, and the confidence which is engendered by means of that amongst the public is such that where a number of the people resident in our district come to us and make complaints of unneighbourly conduct, of bad language, of threats, of oppression on the part of landlords .. (Anakoluth) .. the consequence of all that is this, that there is such an amount of confidence and belief in the justice of the magistrate entertained by the people in the district that in a number of cases it is not necessary for me to grant a summons. I simply send an officer with the party complaining to the persons complained about, and I say if such and such a thing is the case tell them that they must do so and so. The result is that in a very large number of cases . . . . the wrong which is complained of is redressed without the necessity of issuing any summons at all . . . the confidence . . . enables the magistrate to deal in a summary manner, administering what I call cadi-like justice to the poor. Vgl. Polizeirichter Mansfield in Cd. 6962, App. S. 105, App. IX Ziff. 24: all that afflicts human nature they come to us about. Ebenda Ziff. 52: The people look up to the police magistrate as a sort of paternal authority. They want his advice on all occasions.

dings wird auch mit einem mehr oder weniger mitleidsvollen und motivierten: »I can't help you« fortgeschickt.

Ist der letzte Gesuchsteller nach etwa dreiviertel Stunden abgefertigt, so werden die Türen zum Zuhörerraum geöffnet; das Gericht wird open court. Der clerk nimmt seinen Platz ein, der assistant gaoler stellt sich neben den Anklagestand, Zuhörer und Zeugen finden sich ein und aus der Tür mit der Aufschrift prisoners only ergießt sich, Fall auf Fall, die ganze Schar der in den letzten 24 Stunden Verhafteten in Begleitung der Schutzleute, die sie verhafteten; die Verhandlung der charges beginnt.

II.

Wie bereits erwähnt, müssen alle Festgenommenen spätestens am nächsten Werktage vor den magistrate gestellt werden; bis 10 Uhr kommen sie dort von den einzelnen Polizeiwachen in der black Maria, Londons »grünem Wagen«, an. Spätestens eine halbe Stunde vor Sitzungsbeginn sind ihre Anklagebogen bereits von den Polizeiwachen ans Gericht gelangt. Ihr Inhalt wird vollständig in das court register[191]), das dem Richter in der Sitzung vorliegt, und in abgekürzter Form in das Tagebuch des Kerkermeisters, gaolers day book[192]), das der assistant gaoler in der Sitzung vor sich hat, übernommen, während der charge sheet selbst an den Platz des clerks geht. Gleichzeitig wird eine Liste sämtlicher Vorgeführter und der sie vorführenden Polizisten am Warteraum der Vorgeführten, der der Tür zum Sitzungssaal gegenüberliegt, aufgehängt. Die Liste enthält die Fälle in der Reihenfolge, in der sie im court register und im gaolers day book verzeichnet sind. In dieser Reihenfolge sammeln sich die Polizisten, deren Fälle die nächsten sind, mit ihren Häftlingen an der Tür zum Sitzungssaal; sobald der vorhergehende Fall erledigt ist, führt ohne weiteres der Polizist seinen Häftling hinein, übergibt ihn am Anklagestand dem assistant gaoler geht selbst mit den etwaigen weiteren Zeugen an den Zeugenstand, der assistant gaoler ruft nach seinem Buch den Namen des Angeklagten und die Nummer des Falles, der clerk stellt die Frage, ob der Angeklagte sich schuldig bekennt[193]), der usher

---

191) Vgl. unten S. 70. 192) Vgl. unten S. 71.

193) Die Frage nach dem Geständnis fällt bei indictable offences fort.

drückt dem Zeugen das neue Testament in die eine, die Papptafel mit der darauf gedruckten Eidesformel in die andere Hand, der Zeuge verliest den Eid, und ohne alle einleitenden Förmlichkeiten ist die Verhandlung des Falles und die Beweisaufnahme im Umsehen begonnen, während der Richter noch die Entscheidung des letzten Falles im court register vermerkt.

Gang und Fortgang der Verhandlung mag die Schilderung eines typischen Falles veranschaulichen:

Ass. gaoler: Nummer 10, William Ellis.

Clerk: Bekennen Sie sich schuldig?

Angeklagter: Nein.

Zeuge: I swear by Almighty God that the evidence I shall give to this court shall be the truth, the whole truth, and nothing but the truth. So help me God. — Robert Smith, Police Constable 134 D-division[194]): Um 11 Uhr 30 gestern abend, Your Worship, hatte ich Dienst in Oxford Street. Ich traf dort den Angeklagten; er war völlig betrunken und skandalierte. Ich forderte ihn auf, weiter zu gehen. Er tat es aber nicht, sondern fing an mich zu beschimpfen. Ich habe ihn darauf zur Wache genommen.

Clerk (zum Angeklagten): Haben Sie Fragen an den Zeugen?

Angeklagter: Ich war nicht betrunken.

Ass. gaoler: Sie dürfen nur Fragen stellen.[195])

Richter (zum Zeugen): Woran haben Sie seine Trunkenheit gemerkt?

Zeuge: Er roch nach Schnaps und konnte kaum auf den Füßen stehen.

Richter (zum Angeklagten): Haben Sie Zeugen oder wünschen Sie etwas zu sagen?

Angeklagter: Nein. Ich habe noch nie etwas mit dem Gericht zu tun gehabt.[196])

---

[194]) Der großstädtische Polizeibezirk ist in divisions geteilt, die mit großen Buchstaben bezeichnet werden und deren Polizisten den Buchstaben der Division nebst ihrer Nummer innerhalb der Division auf Helm und Kragen tragen.

[195]) Vgl. unten S. 61 f.

[196]) Benennt er Zeugen, so wird die Sache auf den Nachmittag zurückgestellt oder auf einen andern Tag vertagt und entweder die Polizei mit der Herbeischaffung der Zeugen beauftragt oder der Angeklagte mit oder ohne Bürgen entlassen, damit er seine Zeugen selbst zur Stelle schafft.

Richter (zum ass. gaoler): Ist der Angeklagte schon mal hier gewesen? [197])

Ass. gaoler: Nein, Sir.

Richter (zum Angeklagten): Sie haben 2 sh 6 d zu zahlen. Können Sie das gleich tun? [198])

Angeklagter: Ja.

Damit ist der Fall, in der Zeitdauer von ungefähr einer Minute, abgetan. Der Richter vermerkt das Ergebnis durch den Eintrag: 2/6 im court register, der clerk auf dem charge sheet, der assistant gaoler im day book; der Angeklagte geht zum gaoler, dessen Dienstzimmer in unmittelbarer Nähe des Sitzungssaales liegt, begleitet von einem Polizisten, der dem gaoler die Entscheidung mündlich mitteilt, zahlt die $2^1/_2$ Schillinge an den gaoler, der die Zahlung in seinem Kassenbuche vermerkt, und geht davon. Oder er zahlt nicht; dann wird er, sofern das Urteil nicht schon eine Freiheitsstrafe substituiert hat, sofort dem magistrate zur Nachholung dieser Substitution [199]) nochmals vorgeführt und dann ebenso wie in dem Fall, wenn

[197]) Die Frage dient der Feststellung etwaiger Vorstrafen, die der assistant gaoler vor der Sitzung aus seinem Register ermittelt (vgl. unten S. 295). Die Feststellung hat nur informatorischen Charakter und gibt nur Auskunft über die in dem betreffenden Gericht verhängten Strafen. In Betteleisachen erscheint regelmäßig ein sogen. mendicity constable, deren vier unter Aufsicht des Polizeipräsidenten von der London Mendicity Society angestellt und beauftragt sind, Bettler zu überwachen und zu verhaften. Sie geben auf Grund ihrer persönlichen Kenntnis der Bettler und der bei der Gesellschaft vorhandenen Vorstrafennotizen, deren Zahl sich 1910 auf 85246 belief, Zeugnis über die Identität und die Bettelvorstrafen der Ergriffenen. Im Jahre 1910 haben die vier constables in 2737 Fällen ihre Dienste geleistet. Vgl. 39th report of the London Mendicity Society for the year ending 31st December 1910 (London 1911). Wo es, wie bei Rückfallsdelikten, einer förmlichen Feststellung der Vorstrafen bedarf, geschieht sie sehr umständlich in der Weise, daß ein constable, der bei der früheren Verurteilung zugegen war, unter Überreichung der bei den quarter sessions vorhandenen Ausfertigung der conviction (vgl. Anm. 201) die Identität des Angeklagten mit dem in der Ausfertigung genannten Verurteilten als Zeuge eidlich bekundet, prevention of crimes act 1871 s. 1, vgl. M. P. G. 1241, Atkinson 109. Die Vorstrafen werden übrigens erst festgestellt oder erwähnt, wenn die Schuld des Angeklagten feststeht, im Schwurgericht also erst nach dem Schuldspruch der Jury.

[198]) Vgl. Anm. 200.

[199]) Die Umwandlung erfolgt nach folgender durch die Höhe der substituierten Freiheitsstrafen überraschenden Skala (S. J. A. 1879 s. 5):

bei Geldstrafe bis	10 sh	Freiheitsstrafe bis	7 Tage,
- - -	1 £	- -	14 -
- - -	5 £	- -	1 Monat.

gleich auf Freiheitsstrafe erkannt ist, zusammen mit dem vom gaoler auszuschreibenden Vollstreckungsersuchen (commitment) dem Gefängniswagenbegleiter zur Ablieferung ins Gefängnis und sofortigen Abbüßung der Strafe überantwortet. Die Zwangsvollstreckung wegen der Geldstrafe wird vor der Vollstreckung der substituierten Freiheitsstrafe in der Regel gar nicht erst versucht[200]), die Rechtskraft des stets sofort vollstreckbaren Urteils nicht abgewartet und die Vollstreckung der Freiheitsstrafe vom Gericht nicht überwacht. Der clerk fertigt nur noch die formularmäßige Strafnachricht[201]), und damit ist der Fall für alle Beteiligten, Angeklagten, Richter, Gerichtsschreiberei und Polizei, erledigt[202]), nicht einmal Akten brauchen weggelegt zu werden, weil sie nicht angelegt sind. Der charge sheet wandert zur Polizei zurück, beim Gericht bleibt nichts als die Einträge in die verschiedenen Register, die Notiz über die Zeugenaussage im minute book des clerk[203]) und ein Abdruck des commitment im Kopierbuch des gaolers.

Der Inhalt der charges ist so mannigfach, wie das Straf-

---

[200]) Nach dem Gesetz muß feststehen, daß der Angeklagte has no (sufficient) goods whereon to levy distress oder daß the levy of the distress will be more injurious to the defendant and his family than imprisonment (Worte des Formulars nr. 29 der S. J. Rules: commitment in lieu of distress). Tatsächlich begnügt man sich häufig durch Befragen des Angeklagten (Any goods? — no) oder in anderer Weise, den Mangel pfändbaren Vermögens festzustellen und verhängt dann sogleich die Freiheitsstrafe. Vgl. Cd. 5002 Ziff. 45, Cd. 374 Ziff. 928, 935, C. 6962 App. Ziff. 921, Atkinson 114 f. Die sofortige Vollstreckung der substituierten Freiheitsstrafe vereinfacht das Verfahren nicht nur, sondern übt einen heilsamen Einfluß auf die Zahlung; in vielen Fällen ist ein Angehöriger des Angeklagten in der Verhandlung zu gegen, um für ihn zu zahlen; benennt der Angeklagte eine Person, die für ihn zahlen werde, so wird diese durch die Polizei kostenlos verständigt, damit sie ihn auslöst. Das Verhältnis der gezahlten und nicht gezahlten Geldstrafen ist günstig; 1909 haben von 459931 summarisch zu Geldstrafen Verurteilten nur 92688 die substituierten Freiheitsstrafen verbüßt. Crim. Stat. 61 und 133.

[201]) S. J. A. 1848 s. 14, S. J. Rules Form. 11 u. 12.

[202]) Vgl. chief magistrate Sir de Rutzen über die Behandlung von Anklagen gegen Buchmacher Cd. 4261 Ziff. 44221: I very seldom say more than a few words in these cases, and I generally say, if the case is proved, »£ 5«. The man goes out, pays his money, and away he goes, and there is nothing more done.

[203]) Förmliche depositions, die dem Zeugen vorzulesen und von ihm zu unterschreiben sind, werden nur bei indictable offences aufgenommen, in den andern Fällen macht der clerk nur Notizen in abgekürzter Form (minutes) über den Inhalt der Zeugenaussagen in dem von ihm dafür gehaltenen Buch.

recht selbst; kommt doch jeder Delinquent im Falle der Festnahme zunächst vor den Polizeirichter, mag dieser nun zur endgültigen Entscheidung im schleunigen Verfahren oder nur zur vorläufigen Erledigung der Sache im Vorverfahren befugt sein. Mit Rücksicht auf die Beteiligten, insbesondere auf die Polizisten, die vielfach die ganze Nacht hindurch Dienst getan haben, werden die Fälle, die sich erfahrungsgemäß glatt, im Tempo von einer Minute oder zwei der Fall[204]), erledigen, vor den übrigen vorweg genommen. Den Anfang machen die Trunkenheitsfälle[205]) — einfache oder erschwerte Trunkenheit: drunk, drunk and disorderly, drunk and assault —, die etwa ein Viertel bis ein Drittel aller Fälle ausmachen; demnächst folgen Bettelei, Dirnenübertretungen, Straßenwetten (street betting) sowie andere Straßenpolizeiübertretungen, falls nicht mit summons verfolgt, und Tierquälereien; den Schluß bilden Körperverletzungen, Betrug, Unterschlagung, Diebstahl und die Voruntersuchungssachen in unserem Sinne. Die überwiegende Mehrzahl aller Sachen wird vom Richter sofort durch Freisprechung oder Verurteilung erledigt: vor Ablauf von 24 Stunden ist in der Regel der Täter bereits von Urteil und Strafe ereilt. Die Vorteile dieser schleunigen Aburteilung und Bestrafung liegen auf der Hand; die Wahrheitsermittlung ist erleichtert, das Gedächtnis der Zeugen noch frisch, die Bestrafung wirksam und eindrucksvoll nicht bloß für den Täter, sondern auch, was in bewegten Zeiten (Streiks, suffragettes) bedeutsam ist, präventiv für alle, die es angeht. Ein Moabiter Krawallprozeß wäre in London unmöglich. Die größere Zahl der Einzelfälle wäre binnen 24 Stunden abgetan, und nur eine kleine Anzahl der schweren oder schwierigeren Fälle vertagt oder an die Schwurgerichte verwiesen worden.

---

[204]) Holmes 32 f., Plowden 319.

[205]) Die Trunkenheit ist nur strafbar, wenn der Betrunkene sich auf öffentlichen Plätzen oder in Restaurants befindet oder sich in der Trunkenheit ungebührlich benimmt oder Kinder, Tiere, Fahrzeuge usw. in seiner Obhut hat. In der Jahresstatistik des metropolitan police district (Crim. Stat. 96) steht drunkeness with aggravations mit über 32000 Fällen an der Spitze aller non indictable offences; dann folgen Polizeiübertretungen gegen die metropolitan police acts (über 18000), simple drunkeness (über 17000), Wegepolizeiübertretungen und assaults (je über 11000), school cases (über 9000), Betteln (über 6000) usw.

Ist der Fall zur Entscheidung noch nicht reif und sind weitere Ermittelungen nötig, so wird die Sache entweder auf den Nachmittag zurückgestellt oder auf einen andern Tag, an dem der vertagende Richter wieder sitzt, vertagt. Der Angeklagte wird entweder aus der Haft entlassen, je nachdem mit oder ohne Bürgen, oder remanded, d. h. als Untersuchungsgefangener dem Gefängnis überwiesen[206]); in diesem Falle darf die Vertagung volle acht Tage (8 clear days) nicht überschreiten, kann jedoch beliebig oft wiederholt werden; nur muß der Häftling dazu jedesmal dem Richter neu vorgeführt und neu remanded werden.

III.

Die charges sind bis gegen 1/22 oder 2 Uhr erledigt; sind sie es nicht, so werden sie entweder vertagt oder, falls der Nachmittag nicht schon zu stark besetzt ist, auf den Nachmittag zurückgestellt, und die Parteien und Zeugen, die schon den ganzen Vormittag gewartet haben, werden dann auf den neuen Termin oder den Nachmittag bestellt. Denn nun kommt die halb- bis dreiviertelstündige Frühstückspause des magistrate, zu der er sich in sein Privatzimmer zurückzieht. Diese Pause wird ausnahmslos inne gehalten[207]); niemand erwartet vom Richter, daß er die Rücksichtnahme auf das Publikum so weit treibt, sich das gewohnte Frühstück zu versagen oder gar bis zur Erschöpfung durchzuarbeiten.

Die Zeit nach der Frühstückspause, also etwa von 1/23 Uhr nachmittags an, ist zunächst der Verhandlung der summonses gewidmet. Das Bild, das der Gerichtssaal bietet, wenn der Richter in ihn zurückkehrt, ist gegen dasjenige am Vormittag wesentlich verändert. Mit den charges werden die Angeklagten von der Straße ins Gericht gebracht; die meisten Zeugen am Vormittag sind darum Polizisten, die meisten Angeklagten, zumal im Beginn der Sitzung, jene verkommenen, verschmutzten, zerlumpten und erbärmlichen Gestalten, die den breiten Bodensatz der Armenviertel englischer Großstädte ausmachen, in

---

[206]) Formulare dafür bei indictable offences I. O. A. 1848 schedule Q. 1 und 2, bei non indictable offences S. J. Rules nr. 10.

[207]) Das luncheon adjournment dient jedoch nicht nur dem Frühstück, sondern auch Besprechungen des Richters mit dem clerk, dem Gerichtsmissionar, probation officers usw.

Deutschland aber nur eine seltene Ausnahmeerscheinung bilden; die summonses dagegen laden die Leute in ihrem Hause. Es sind Angehörige aller Klassen, die am Nachmittag mit ihren Zeugen den Gerichtssaal füllen; das Gericht wird aus einem reinen Strafgericht, das es am Vormittag ist, zu einem Gericht mit gemischter zivil- und strafrechtlicher Zuständigkeit.[208]) Die Geladenen treten nicht in den Anklagestand, sondern davor; anstatt des assistant gaoler steht jetzt der warrant sergeant an ihrer Seite.

Im Gegensatz zu den charges, die sofort herangenommen werden müssen, findet, wie bemerkt, für die summonses eine Terminsansetzung statt. Die Ladungsfrist beträgt in der Regel gegen eine Woche. Die Terminsbestimmung erfolgt nach Maßgabe allgemeiner Weisungen des Richters durch den clerk selbständig; er hat dafür zu sorgen, daß die Zahl der Sachen sich möglichst gleichmäßig auf die einzelnen Sitzungsnachmittage verteilt. Summonses, in denen Behörden verfolgen, werden im Interesse der Vertreter der Behörden alle stets auf denselben Wochentag angesetzt[209]), so daß z. B. der Montagnachmittag für education cases, der Dienstagnachmittag für rate summonses, der Mittwochnachmittag für police summonses bestimmt ist u. s. f.

Die Behandlung der summons-Sachen entspricht im allgemeinen derjenigen der charges. Die summonses sind im court register (Teil 2)[210]), das dem magistrate vorliegt, und im warrant officers day book[210]), das der warrant sergeant in der Sitzung vor sich hat, verzeichnet und werden nach der Nummernfolge herangenommen. Der prosecutor geht als erster in den Zeugenstand, der Angeklagte tritt vor die Anklagebank, der warrant sergeant ruft den Namen und die Nummer des Falles, der usher beeidigt die Zeugen, und die Verhandlung beginnt. Erscheint der Geladene nicht, so wird nach dem Ermessen des Richters seine Vorführung angeordnet oder die Sache in seiner Abwesenheit verhandelt. Der Nachweis der Zustellung des

---

[208]) Magistrate Mead Cd. 374 Ziff. 1527: We have to use books to a very large extent in the afternoon in the police courts, not in the morning. We are a jury in the morning, and judges in the afternoon.

[209]) Vgl. Cd. 2216 Ziff. 1229.

[210]) Vgl. unten S. 70.

summons, der in diesem Falle erforderlich ist, wird durch das Zeugnis eines warrant officer geführt. Dieser wohnt mit den zugestellten Urschriften der summonses, auf denen die Zustellung vermerkt ist, in der Hand neben dem Zeugenstand der Verhandlung bei und bezeugt im Falle des Ausbleibens des Geladenen die Zustellung.[211])

Sind die summonses abgetan, so werden, soweit die Zeit reicht, die etwa am Vormittag zurückgestellten Sachen und die im Laufe des Tages eingelaufenen charges (day charges) erledigt. Gegen 5 Uhr oder auch ein wenig später wird die Sitzung geschlossen; denn nur bis 5 Uhr besteht für den Richter und die Beamten des Polizeigerichts die Anwesenheitspflicht. Sind die Sachen bis dahin nicht erledigt, so werden sie vertagt. Über $^1/_2$6 oder gar 6 Uhr hinaus Dienst zu tun, wie deutsche Richter es tun müssen, mutet der Polizeirichter sich und seinen zahlreichen Beamten — vom clerk bis zum Begleiter des Wagens, der die Gefangenen transportiert, hinunter — nicht zu, mutet ihnen auch weder die vorgesetzte Behörde noch das Publikum zu.

Vergleich mit dem deutschen Verfahren.

I.

Das Bild der Gerichtssitzung, wie es vorstehend zu zeichnen versucht ist, zeigt wesentliche Abweichungen von demjenigen, das eine Verhandlung in Strafsachen bei uns zu Lande bietet. Zunächst fällt der Aufruf der Zeugen fort; er erübrigt sich, da das Gericht sie nicht lädt, die Parteien sie vielmehr stellen; auch werden sie auf die Bedeutung des Eides nicht hingewiesen; nicht einmal eine Feststellung der Eidesfähigkeit des Zeugen oder seines Verhältnisses zu einer Partei erfolgt. Jeder, der in den Zeugenstand tritt, wird, ohne Rücksicht auf Parteistellung[212]), Alter oder Verwandtschaft, unterschiedslos beeidigt. Der Eid wird, ohne daß Richter oder Publikum davon Notiz nehmen oder sich gar von den Sitzen erheben, vom Gerichtsdiener

---

[211]) S. J. A. 1848 s. 1. Hat er nicht selbst zugestellt, so legt er die declaration of service (Formular S. J. Rules nr. 46) des Zustellungsbeamten vor.

[212]) Prosecutor und complainant werden regelmäßig als Zeugen vernommen, Atkinson 179, M. P. G. 184. Sogar der Angeklagte kann sich als Zeuge eidlich vernehmen lassen; vgl. unten S. 61.

abgenommen; er ist stets promissorisch. Für die Aussetzung der Beeidigung ist kein Raum. Die Zeugen wohnen der Vernehmung der vor ihnen abzuhörenden Zeugen bei. Sie müssen nur abtreten, wenn eine Partei es besonders verlangt, was sehr selten vorkommt.[213]) Ein Sitzungsprotokoll wird nicht aufgenommen. Nur die Zeugenaussagen und etwaige statements des Angeklagten schreibt der clerk nieder. Daneben werden im Gerichtsregister über Entscheidungen oder Vorgänge von bleibender Bedeutung — Urteile, Verhaftungen, Verweisungen an das Schwurgericht, Vertagungen — formlose Notizen[214]) gemacht, auf Grund deren nach der Sitzung vom clerk oder gaoler, soweit nötig, Ausfertigungen hergestellt werden. Im übrigen werden »Gang und Ergebnisse der Hauptverhandlung«, die »Beobachtung aller wesentlichen Förmlichkeiten«, die Verlesung von Schriftstücken, die »gestellten Anträge« und »ergangenen Entscheidungen«, z. B. Ablehnungen von Beweis- oder Vertagungsanträgen und was sonst noch nach § 273 unserer Strafprozeßordnung zum wesentlichen Inhalt eines Sitzungsprotokolls gehört, nicht aktenkundig gemacht — und es geht auch so. Des weiteren fehlt auch jedes Gegenstück zur Verlesung unseres Eröffnungsbeschlusses; mit Recht. Denn was Gegenstand der Anklage ist, weiß der Angeklagte ohnehin. Ist er verhaftet, so ist ihm die charge bei der Niederschrift auf der Polizeistation spätestens 24 Stunden vorher vorgelesen. Ist er nicht in Haft, so weiß er's aus dem summons, der ihm zugestellt ist. Der Ankläger weiß es natürlich auch, und der Richter ersieht es aus dem Register; Schöffen, die darüber unterrichtet werden müßten, sind nicht vorhanden.

---

213) Gamon 156; ähnliche Vorschrift für das Verfahren im charge room M. P. I. B. Ziff. 195.

214) Sogen. minutes of adjudicating; diese haben beispielsweise etwa folgende Form: discharged — 5/ (Geldstrafe) + 5/ costs (Anm. 265) — 3 mths h. l. (3 Monate Gefängnis mit hard labour) — 2/6 Saturday to pay or 5 days ($2^1/_2$ sh gestundet bis Sonnabend, bei Nichtzahlung 5 Tage Gefängnis) — one surety (Bürge) in £ 10 and o. r. (own recognizance) in £ 10 for 6 months or one month (Friedensbürgschaft für 6 Monate mit eigener Verpflichtung zur Zahlung von £ 10 und einem Bürgen auf £ 10, für den Fall der Nichtbefolgung des order 1 Monat Gefängnis) — committed for trial at city of London sessions (Überweisung an die quarter sessions vgl. S. 16) — remanded to Wednesday (vgl. Anm. 206).

Fort fällt schließlich und namentlich auch die Vernehmung des Angeklagten und die Befragung nach jeder Beweiserhebung, ob er etwas zu erklären habe; lediglich die Frage nach dem plea of guilty ist gestattet. Schon dem Polizeibeamten ist es verboten, bei der Verhaftung und der Aufnahme der charge den Beschuldigten zu irgend einer Äußerung über die Beschuldigung zu veranlassen[215]), und die gleiche Beschränkung gilt auch für das Gericht während der Verhandlung. Der Angeklagte scheidet als Beweismittel völlig aus.[216]) Man hält das in England zur Gewährleistung des »fair trial«, des englischen Verhandlungsideals, für nötig. Dieses Verfahren bewahrt den Angeklagten jedenfalls davor, sich vor Kenntnis des gegen ihn vorliegenden Belastungsmaterials irgendwie festzulegen und in Widersprüche zu verwickeln, gibt ihm auch die Möglichkeit, einen überlegten Verteidigungsstandpunkt einzunehmen. Andererseits ist jedoch nicht zu verkennen, daß es nicht nur der objektiven Wahrheitsermittlung sehr ungünstig, sondern auch in der Gestaltung, die es in der Praxis findet, dem unschuldigen Angeklagten oft nachteilig ist. Dem Angeklagten wird nämlich in Überspannung des Prinzips überhaupt keine Gelegenheit gegeben, vor Eintritt in die Beweisaufnahme seine Schilderung des Sachverhalts zu geben; vielmehr wird die ganze Verhandlung und Beweisaufnahme durchgeführt, ohne daß der Angeklagte zur Aufklärung des Sachverhalts herangezogen wird, und man kann es in jeder Sitzung erleben, daß Fragen nach dem Alter des Angeklagten, seinem Namen, seiner Staatsangehörigkeit oder seinem Beruf und ähnliche Fragen tatsächlicher Natur, die mit der Schuldfrage zunächst nichts zu tun haben, lang und breit erörtert werden, ohne daß der Angeklagte selbst danach gefragt wird. Erst nach Vernehmung der Anklagezeugen, wenn sich bei dem Richter womöglich bereits eine Überzeugung gebildet hat, erhält der Angeklagte Gelegenheit, wenn er will, sich zu äußern; er kann dann sogar nach einem neueren englischen Gesetz, dem criminal evidence act von 1898 s. 2, sich eidlich als Zeuge im Zeugenstand vernehmen lassen. Während der Verhandlung aber ist er darauf be-

---

215) M. P. I. B. Ziff. 184.
216) Vgl. Liepmann 70 ff.

schränkt, seine Verteidigung im Kreuzverhör durch Fragen an die Anklagezeugen anzudeuten. Hat der Angeklagte selbst forensische Gewandtheit genug oder ist er durch einen Rechtsbeistand, der jedoch auch dem Armen nie gestellt wird[217]), vertreten, so sind diese Bedenken nicht schwerwiegend; sie sind es aber, wo diese Voraussetzung fehlt. Denn die allerwenigsten Angeklagten verstehen, wie allgemein anerkannt ist, die Kunst des Kreuzverhörs, und statt Fragen zu stellen, machen sie Vorhaltungen oder geben ihre Schilderung des Sachverhalts[218]); und das wird ihnen in der Regel nicht gestattet.

Alle diese Abweichungen, namentlich der Fortfall der Vernehmung des Angeklagten, haben den Erfolg, die Verhandlung der Sache, im Vergleich zur deutschen Strafsachenbehandlung, ungemein zu beschleunigen. Die Durchschnittsdauer von ein bis zwei Minuten der Fall, die ohne Überstürzung selbst bei Vernehmung von Zeugen in kleineren Strafsachen bei dieser Art der Verhandlung wohl zu erreichen ist, würde bei einem Verfahren auf Grund der Strafprozeßordnung nie zu erreichen sein. Die Art der Zeugenvernehmung trägt noch erheblich zur Beschleunigung bei. Die Vernehmung liegt in der Hand des Beweisführers; dieser weiß vorher, was der Zeuge bekunden kann. Er richtet seine Fragen, die allerdings keine leading questions sein dürfen, danach ein. Ja, es ist sogar (man muß von unserem Standpunkt aus sagen, unbegreiflicherweise) erlaubt und in größeren Sachen allgemein üblich, daß der Beweisführer oder sein Anwalt die Zeugen, die er nachher vor Gericht bringt, vorher zu sich bestellt und abhört, um sie dann nach den hierbei gemachten Aufzeichnungen im Gericht zu vernehmen. Daß eine solche Vernehmung sehr glatt und schnell vor sich geht, liegt auf der Hand. Daß sie der objektiven Wahrheitsermittlung sehr ungünstig, ist nicht zu bezweifeln.

II.

Neben dem Unterschied in der Schnelligkeit der Verhandlung fällt dem deutschen Zuhörer namentlich noch auf,

---

217) Vgl. Liepmann 36.

218) Magistrate H. Smith Cd. 4261 Ziff. 44680: . . . they cannot by any means ask a question . . . 99 persons out of 100 who come into my court have no more idea of asking anybody a question than of flying over the moon.

wieviel geringere Anforderungen die Verhandlung drüben an die Leistungsfähigkeit des Richters stellt als die unserige. Der englische Richter ist von jeder Tätigkeit, die nicht Anhören oder Entscheiden ist, so gut wie befreit. Der Aufruf der Sache und der Zeugen, die Feststellung der Ladungen, die Verlesung des Eröffnungsbeschlusses, Vernehmung des Angeklagten, Beeidigung und Befragung der Zeugen, Worterteilung, Beobachtung aller möglichen Förmlichkeiten, Ausübung der Sitzungspolizei, Notierung des Beweisergebnisses im Hinblick auf die schriftliche Urteilsabfassung, Protokollfeststellung, alles dieses für die Gewinnung einer richtigen Entscheidung im Grunde überflüssige Beiwerk nicht der Verhandlung, aber der Richtertätigkeit fällt fort oder ist auf andere Schultern gelegt — und zwar teils dank den Grundsätzen der Verhandlungsmaxime auf die Schultern der Parteien, teils auf die der zahlreichen im Gericht anwesenden Beamten, die die Aufgabe haben, den Richter nach Möglichkeit zu entlasten.

Die Parteien besorgen Aufruf, Verhör und Gegenverhör der Zeugen, produzieren die als Beweismittel dienenden Urkunden und lesen sie vor. Die Personalien erfragt der clerk, der auch die Frage nach dem plea of guilty stellt, den Eid nimmt der usher ab. Zustellungen stellt der Richter nicht aus den Akten, sondern durch Befragen des Zustellungsbeamten[219]), Vorstrafen in gleicher Weise durch Befragen des assistant gaoler oder eines anderen Beamten fest[220]); die Sitzungspolizei üben die zahlreichen Polizeibeamten und der usher aus, der ständig im Saale anwesend ist und nicht dauernd auf dem Korridor umherläuft. Gaoler und usher dirigieren Parteien, Angeklagten und Zeugen an die richtigen Stellen, geben ihnen die nötige Belehrung oder Aufklärung, und alle sorgen dafür, und erreichen es, daß die Verhandlung sich gleichsam automatisch ohne eigentliche Verhandlungsleitung durch den Richter selbst abspielt.

So ist der Richter, wenn er will, in der Lage, sich auf die Anhörung des Falles zu beschränken und seine ungeteilte Aufmerksamkeit der Feststellung des Tatbestandes und seiner

219) Vgl. Anm. 211.
220) Vgl. Anm. 197.

Beurteilung zu schenken. Nicht eine Verhandlungsleitung mit stundenlangem, ununterbrochenem Sprechen, sondern nur ein ruhig aufmerksames Zuhören ist Aufgabe des Richters in der Verhandlung. Natürlich stellt er auch je nach Neigung oder Bewandtnis der Umstände selbst Fragen, übernimmt auch wohl, wo erforderlich, die Befragung der Zeugen; nie aber lastet auf ihm die Verantwortung für eine erschöpfende Verhandlung des Falles — die haben die Parteien — nie die Sorge um die Beachtung aller möglichen Formvorschriften, nie auch bringt ihn der Zwang der Inquisitionsmaxime in die Gefahr, den Angeklagten durch Vorhaltungen aller Art und den Versuch ihn trotz seines Leugnens zu überführen mißtrauisch zu machen und sich dem Verdacht der Voreingenommenheit auszusetzen. Nie auch kommt er in die Verlegenheit, Ausbrüchen gereizter Stimmung gegen ihn mit Ungebührstrafen gegen den Angeklagten oder seinen Verteidiger zu begegnen. Nicht wie so häufig bei uns in Kampfesstellung gegen den Angeklagten, noch dazu Seite an Seite mit dem Ankläger, der Stellung, Robe und Sitz auf erhöhtem Podium mit ihm teilt, sondern über beide stellt das englische Verfahren seinen Richter. Es entrückt ihn so dem Kampfe der Parteien und entlastet ihn von der Verantwortung und dem Odium der Verhandlungsleitung und Beweisführung. Ansehen und Volkstümlichkeit der Richter werden dadurch unzweifelhaft gefördert —, ob auch die Verhandlung der Sachen, ist eine andere Frage.

III.

Wo Licht ist, ist Schatten. Das zeigt sich auch hier. Neben unbestreitbaren Vorzügen weist das Verfahren der Polizeigerichte ebenso unleugbare Nachteile auf.

Die Mängel sind teilweise schon angedeutet; die Unfeierlichkeit der Eidesabnahme[221]), die Vorvernehmung der Zeugen durch die Parteien[222]), die Beschränkung des Angeklagten im Vorbringen seiner Verteidigung[223]), die unbeschränkte Öffentlichkeit der Voruntersuchung[224]), das Fehlen schriftlicher Straf-

[221]) Vgl. oben S. 59.
[222]) Vgl. oben S. 62.
[223]) Vgl. oben S. 61.
[224]) Vgl. oben S. 16.

verfügungen[225]) und das Übermaß von Verhaftungen[226]) rechne ich hierher. Die Abstellung dieser Mängel würde allerdings bis zu einem gewissen Grade unschwer möglich sein; sie würde aber zur Folge haben, daß die Verhandlung sich bedeutend mehr in die Länge zöge als es jetzt der Fall ist, und sie damit gerade ihres Hauptvorzuges berauben.

Promptheit der Strafjustiz ist ein großer Vorzug; sie ist aber zu teuer erkauft, wenn sie auf Kosten der Gründlichkeit und der Zuverlässigkeit der Ermittelungen erlangt ist; daß es aber mit dieser Wahrheitserforschung und mit der sachgemäßen Führung der Verhandlung in vielen Fällen schlecht bestellt ist, diesen Eindruck habe ich häufig gehabt. Schon die knappe Frist von höchstens 24 Stunden bis zur ersten Verhandlung legt die Gefahr nahe, daß manche Sache übers Knie gebrochen wird. Scheint es notwendig, dann wird zwar vertagt; der Angeklagte wird aber häufig lieber eine nicht verdiente Verurteilung einer Vertagung, die ihn auf noch längere Zeit seiner Freiheit beraubt, vorziehen, und somit selbst nicht auf Vertagung dringen. Sodann bringt es die Anwendung der Grundsätze der Verhandlungsmaxime auf den Strafprozeß mit sich, daß die Gewandtheit und Fähigkeiten der Parteien, des Anklägers wie des Angeklagten, auf die Herbeischaffung der Beweise und die Gestaltung der Ermittelungen einen wesentlich größeren Einfluß üben, als bei uns. Ein vermögender Angeklagter, der sich einen gewandten Verteidiger leisten und seine Haftentlassung gegen bail durchsetzen kann, ist schwerlich in irgend einem Lande der Welt im Strafverfahren so günstig gestellt, wie in England; England ist auch in dieser Beziehung das Idealland für den gentleman. Der arme Teufel aber, der kein Geld hat, um einen Verteidiger zu bezahlen, der in Haft sitzt und keinen Bürgen findet, der keine Möglichkeit hat, für seinen Entlastungsbeweis zu sorgen, der keine forensische Gewandtheit hat und sich insbesondere auf die Schwierigkeiten des Kreuzverhörs nicht versteht, der ist schlimm dran und hat dem Ankläger

---

225) In allen Fällen, in denen bei uns infolge polizeilicher Strafverfügung oder richterlichen Strafbefehls die Sache sich regelmäßig ohne mündliche Verhandlung erledigt, müssen mindestens die Polizisten, die die Anzeige erstattet haben, als prosecutors im Polizeigericht erscheinen und Zeugnis ablegen.

226) Vgl. Anm. 32, 104, 157.

gegenüber, wenn dieser ihn zur Strecke bringen will, eine sehr ungünstige Stellung.[227]) Unterdrückt der Ankläger den Entlastungsbeweis, bringt er nur die Zeugen heran, die bei der privaten Vernehmung ungünstig für den Angeklagten ausgesagt haben, und ist der Angeklagte nicht in der Lage, seinerseits Entlastungszeugen zu benennen — und das wird dem in Haft befindlichen Angeklagten häufig nicht möglich sein — so besteht die große Gefahr, daß das Verhandlungsergebnis einseitig zu ungunsten des Angeklagten gefälscht wird. Der Richter, der die Akten nicht kennt, weil sie nicht vorhanden sind, und der nur die knappen Eintragungen im Register vor sich hat, kann selbst beim besten Willen dem Angeklagten nicht helfen. Er kann es auch nicht verhindern, daß, falls auch der Ankläger seiner Aufgabe nicht gewachsen ist, in schwierigeren Sachen die Verhandlung völlig ziel- und planlos verläuft.[228]) Die Auflage an den Ankläger, sich einen Anwalt zu nehmen oder das Ersuchen an den director of public prosecutions selbst die Sache zu übernehmen, bringt dann die Anklage möglicherweise auf die rechte Bahn. Dem ungewandten Angeklagten aber hilft niemand, und niemand wird ihm gestellt, seine Verteidigung sachgemäß zu führen.

Auch das Bedenken liegt uns nahe, daß der Mangel der Vorbereitung auf die Verhandlung in schwierigeren Sachen die Richtigkeit der Rechtsanwendung leicht gefährdet; das Bedenken spielt jedoch nach englischer Auffassung keine große Rolle. The glory of London justice is — sagt ein aufmerksamer Beobachter[229]) — that it is not administered in a scientific way. Man nimmt es mit dem Buchstaben des Gesetzes[230]) und mit der

[227]) Die „singularly helpless position" einer ohne zureichenden Grund verhafteten Person gegenüber einem pflichtvergessenen constable betont der Bericht Cd. 4156 S. 105.

[228]) Vgl. magistrate H. Smith Cd. 4261 Ziff. 44718 f.: In . . . cases of larceny and such like cases . . . and complicated cases there is nobody to tell the magistrate what it is all about, and the clerk . . . has to say: Who is the first witness? and we have to begin without knowing anything more than just what is on the charge sheet. We do not know anything of the facts . . . and we blunder about as best we can and in the end we get into shipshape . . . the case is not marshalled, and sometimes it is so difficult that I have to send to the public prosecutor and ask for his assistance.

[229]) Holmes 38.

[230]) Vgl. Cd. 4261 Ziff. 44891: We do a lot of irregular things in the police courts. We should never get through our work if we were not irregular sometimes; vgl. ferner ebenda Ziff. 44808 und Cd. 374 Ziff. 1899.

Subsumption des Tatbestandes unter das Gesetz bei den kleineren Strafsachen im allgemeinen nicht so genau wie bei uns. Es kommt bei den geringeren Delikten auch so wenig darauf an. Dem Angeklagten ist es ziemlich gleich, ob er wegen Diebstahls oder Unterschlagung verurteilt wird, und der Richter, der seine Entscheidung nicht zu begründen braucht und eine Berufung nicht zu erwarten hat, hat um so weniger Anlaß sich mit den Feinheiten der Begriffsbestimmung abzumühen, als bei allen leichteren Delikten das Strafminimum das gleiche ist.[231])

Auch die Überlastung der Sitzungen mit Sachen, die bei den meisten Höfen vorhanden ist, tut der tatsächlichen und rechtlichen Durchdringung der Fälle notwendig Abbruch. Die Arbeitsleistung, die die 13 Höfe oder 25 Richter in der Zeit vom 1. April 1910 bis zum 31. März 1911 erledigt haben, betrug 108 615 Haftsachen (charges) und 75 532 andere Sachen (summonses).[232]) Im einzelnen sind die verschiedenen Gerichte in sehr ungleichem Maße daran beteiligt. Der Marylebone police court, das am meisten belastete Gericht, hat 9562 Haftsachen und 9219 sonstige Sachen aufzuweisen gegen 4993 Haftsachen und 4105 sonstige Sachen des North London police court. Der Tagesdurchschnitt stellt sich hiernach unter Hinzurechnung der vertagten Sachen bei dem am geringsten belasteten Gericht auf etwa 30 bis 40, bei dem höchstbelasteten auf etwa 60 bis 70 Fälle; er wird jedoch namentlich an Montagen oft erheblich überschritten. Ein Terminszettel mit mehr als 100 Sachen ist keine Seltenheit.[233])

Diese Überbürdung der Sitzung mit Sachen, über welche die Richter selbst sehr klagen[234]), nötigt dazu, die Sachen

231) Vgl. Anm. 92.

232) Die Statistik ist nicht veröffentlicht; eine Statistik für die Jahre 1881 bis 1891 enthält Appendix III zu C. 6962 App. S. 78 f.

233) Im Juni 1904 hatte das Marylebone Polizeigericht an sechs aufeinanderfolgenden Tagen anstehen 150, 44, 110, 70, 103 und 80 Sachen; vgl. Cd. 4261 Ziff. 45 369. Die Zahlen schwanken also von Tag zu Tag sehr stark.

234) Vgl. magistrate H. C. Bennett in Cd. 2216 Ziff. 1317: I say no man — I do not care what he is made of — can stand the strain of 100 cases per day or more. Yesterday I had 150 charges and summonses in my court to get through and the strain of that enormous amount is more than anybody can bear. Vgl. ebenda Ziff. 1226, 1346, 1347, 1890.

vielfach einfach durchzupeitschen[234a]) und hat stellenweise die Richter sogar veranlaßt, aus Zeitmangel die Zahl der summonses, die sie zur Verhandlung zuließen, willkürlich auf eine bestimmte Zahl zu beschränken[235]), was tatsächlich auf Justizverweigerung hinauskommt. Dieser Überlastung könnte natürlich durch die häufigere Heranziehung der Richter zu den Sitzungen[236]) oder die sonst dringend notwendige Vermehrung der Richterstellen[237]) leicht abgeholfen werden. Sie ist kein Mangel des Systems als solchen. Ein Grundfehler des Systems aber ist die Unmöglichkeit, die anstehenden Sachen ordnungsmäßig auf die Sitzung zu verteilen und Terminsfolge und Terminsdauer der anstehenden Sachen vorher zu bestimmen.[238]) Alle Haftsachen müssen binnen 24 Stunden vor den Richter gebracht und vor ihm verhandelt werden. Sie stehen sämtlich um 10 Uhr morgens an. Zu dieser Zeit haben sich Ankläger, Zeugen und Angeklagte einzufinden. Niemand weiß vorher, wann seine Sache herankommt, da der Terminszettel erst unmittelbar vor der Sitzung fertiggestellt wird. Auf ihm werden soweit möglich die voraussichtlich kleineren Sachen voran, die vermutlich schwierigeren oder größeren an das Ende gestellt. Wer das Glück hat, seine Sache an die Spitze des Terminzettels zu bekommen, wird in der Regel nicht lange zu warten brauchen[239]), wehe aber dem, der an einer längeren Sache beteiligt ist oder seine Sache am Ende des Terminzettels findet, er hat nicht nur stundenlang zu warten, sondern läuft auch Gefahr, daß am Ende der Vormittagssitzung die Sache auf den Nachmittag zurückgestellt, am Nachmittag darauf wegen Zeitmangel auf einen anderen Tag vertagt und dann womöglich noch ein oder mehrere Mal von der Terminsliste abgesetzt wird, weil die große Zahl der kleineren Sachen

---

[234a]) Vgl. C. 6962 App. S. 20: A court can fairly get throug about 16000 cases a year, i. e. a little over 50 a day (though it is hard work); if that number is exceeded there are arrears or else the cases are unduly hurried.

[235]) Cd. 374 Ziff. 487, 750 ff.

[236]) Der sich jedoch der Mangel an Räumen (die meisten Gerichte haben nur einen Sitzungssaal) und die Abneigung der Richter, ihre off days aufzugeben, entgegenstellt; vgl. Cd. 374 Ziff. 966, 1871 und S. VI f.

[237]) Vgl. Anm. 86.

[238]) Vgl. Cd. 374 S. VI Ziff. 15.

[239]) Cd. 374 Ziff. 1126 ff.

stets vor den großen erledigt wird und erledigt werden muß.[240]) Kein Wunder, daß die Klagen über das lange Warten der Zeugen, Ankläger, Angeklagten und Parteivertreter und über die Vertagungen aus Zeitmangel allgemein sind.[241]) Kein Wunder auch, daß die Gemeindebehörden nach Möglichkeit ihre Sachen vor die leicht zugänglichen und von anderen Sachen nicht beschwerten petty sessional courts der Friedensrichter bringen.[242])

Gerichtsschreiberei und Registerwesen.

Die Gerichtsschreiberei (clerks office) zu ebener Erde gelegen wie der Sitzungssaal und nur durch einen Flur von ihm getrennt, macht in ihrer äußeren Einrichtung mit Schränken, Schreibtischen und einer Schranke, an der das Publikum abgefertigt wird, den Eindruck kaufmännischer Bureauräume; und in kaufmännischer Weise durch Vorschriften nicht beengt ist auch der Geschäftsbetrieb gestaltet. Eine »Geschäftsordnung für die Gerichtsschreibereien« ist nicht erlassen; nur die An-

---

[240]) Vgl. z. B. die Schilderung des barrister Cd. 374 Ziff. 1015: we find the very greatest difficulty in getting an adjournment to an afternoon when there will be more than half-an-hour to spare. That happens over and over again, and in consequence of that a summons which might be disposed of easily in from an hour to two hours sometimes necessitates the inconvenience and the expense of 3 or 4 attendances, vgl. ferner C. 6962 App. Ziff. 407 ff., 707: to adjourn 70 summonses, the parties all being present because there was no time to begin them, Ziff. 873: within the last 4 weeks . . owing to some murder case . . all our cases had to be adjourned, Ziff. 875, 927, Cd. 2216 Ziff. 413.

[241]) Cd. 374 Ziff. 751, 1045; Cd. 5002 Ziff. 1289; C. 6962 App. Ziff. 27, 634, 1041, 1043, 1235. Bei den Zeugen kommt hinzu, daß sie ihre Gebühren erst auf Grund schriftlicher Anweisung des Richters (vgl. unten S. 74) erhalten; nicht jeder Richter gestattet aber, daß ihm die Ausfertigung des order während der Verhandlung zur Unterzeichnung vorgelegt wird.

[242]) Vgl. oben S. 12 und Cd. 374 Ziff. 186, 704, 707 (Vernehmung eines vestry clerk): I very often used to go down on Thursday afternoon . . and in consequence of the business of the court, after waiting perhaps 2 or 3 hours, I was informed that the cases would not be reached that day, and that they would have to stand over till the following Thursday. . . We had one somewhat celebrated brick-burning case . . and is was a very hardly contested case. In consequence of the magistrate being able to give us only an hour this Thursday and an hour that Thursday, I think the case extended over some 10 or 11 months, and I think there was something like 20 sittings. Some idea of the length of the case may be gathered when I say that the costs allowed against the four defendants amounted in all to 270 guineas.

wendung bestimmter zahlloser Formulare[243]) und die Haltung bestimmter Register ist vorgesehen; nach freiem Ermessen und nach Zweckmäßigkeitserwägungen regelt der chief clerk in seiner Schreiberei Verteilung wie Erledigung der Geschäfte.

Schriftliche Eingänge — nicht eben zahlreich, weil alle Gesuche mündlich gestellt werden müssen — werden lose aufbewahrt, bis sie beantwortet sind, und wandern dann, soweit sie unwichtig sind, in den Papierkorb, andernfalls werden sie in einen Sammelband, der mit alphabetischem Index versehen ist, eingeheftet. Antwortschreiben und sonstige Schreiben gehen in Urschrift hinaus; von wichtigeren wird ein Abdruck im Kopierbuch zurückbehalten. Eigentliche Akten sind nicht vorhanden; die charge sheets und depositions in Strafsachen gehen an andere Stellen[244]), was wie die summonses bleibt, wird jahrgangsweise zu Bündeln zusammengeschnürt und eine Zeit lang, Vorschriften fehlen, aufbewahrt. Aktenregale, das Charakteristikum unserer Gerichtsschreibereien und Registraturen, sucht der Blick vergeblich.

Die Aktenhaltung ist ersetzt durch die Führung zahlreicher Bücher und Register; ihre Eintragungen zusammengenommen geben in der Regel genügenden, wenn auch nicht vollständigen Aufschluß über die Erledigung der einzelnen Sachen. Die Bücher sind ungleich unseren Registern sämtlich handlichen Formats und leicht transportabel. Erwähnung verdienen die folgenden:

1. Das court register, Teil I für charges, auszufüllen nach den charge sheets, Teil II für summonses. Das Register enthält die notwendigen Angaben über Kläger (Ankläger) und Beklagten (Angeklagten), die Klage oder Anklage, eine etwaige

---

[243]) Vgl. Revised list of forms in use at the metropolitan police courts (May 1907). Die Formulare für indictable offences sind durch den I. O. A. 1848 s. 28 vorgeschrieben und im Anhang dazu veröffentlicht; für das summarische Verfahren sind sie gemäß Ermächtigung in dem S. J. A. 1879 s. 29 vom Lord Chancellor festgestellt in den S. J. Rules 1886; weitere Formulare sind im Anhang zu einzelnen Gesetzen (z. B. employers and workmen act 1875, children act 1908) festgesetzt. Sie alle und weitere Formulare für den Gebrauch der Friedensrichter enthält Okes Sammlung.

[244]) Die charge sheets an die Polizeistation zurück, die depositions an die quarter sessions.

Verhaftung und Haftentlassung u. a. m.[245]) Der Richter, dem es in der Sitzung vorliegt, trägt das Verhandlungsergebnis in die dafür vorgesehene Spalte ein und setzt seine Unterschrift daneben.

2. Gaolers day book. Das Buch hat der assistant gaoler während der Sitzung am Anklagèstand bei sich. Es enthält Angaben über die einzelnen charges, nämlich die Nummer, mit der sie im court register verzeichnet und aufzurufen ist, den Namen des Angeklagten, die Nummer des verfolgenden constable, die kurze Bezeichnung des Delikts sowie eine Spalte, in der die Entscheidung des Richters vermerkt wird. Eine weitere Spalte dient den »receipts for prisoners«; in ihr hat der van sergeant (Gefängniswagenbegleiter) bei Abholung des Häftlings über seinen Empfang zu »quittieren«. Ist diese Spalte nicht ausgefüllt, so muß die Rechtfertigung für die Entlassung des Häftlings aus den übrigen Eintragungen (Freisprechung, Zahlung oder Stundung der Geldstrafe, Entlassung gegen bail) hervorgehen. Das Buch hat einen Index, der als Vorstrafenverzeichnis dient und nach dem der assistant gaoler vor der Sitzung die Vorstrafen sämtlicher Häftlinge feststellt, um die Frage des Richters nach den Vorstrafen[246]) sofort beantworten zu können.

3. Warrant officers day book, ein Verzeichnis der summonses in der Reihenfolge, in der sie im court register Teil II verzeichnet stehen und nach dem sie der warrant officer während der Sitzung aufruft.

4. Warrant officers process book, ein Register der summonses, in dem sie in der Reihenfolge ihres Erlasses mit den nötigen Daten, Angaben über die Beteiligten und das Verhandlungsergebnis eingetragen werden und dessen Index

[245]) Jede Seite enthält unter der Überschrift, die Gericht und Terminstag angibt, eine Anzahl durch Striche getrennter Spalten mit folgenden Überschriften: Number (fortlaufende Nummer der Sache, mit der sie aufgerufen wird) — name of informant or complainant (vgl. Anm. 138) — name of defendant and occupation — age — nature of offence or of matter of complaint time when charged (sc. im charge room, vgl. oben S. 40) — time when bailed (aus der Haft entlassen, vgl. oben S. 41) — Doctors fee (if any), (vgl. Anm. 265) — minute of adjudicating (vgl. Anm. 214) — magistrate adjudicating (Unterschrift des magistrate).

[246]) Vgl. Anm. 197.

gleichzeitig wiederum als Vorstrafenverzeichnis für auf grund von summonses bestrafte Personen dient.

Hierneben werden noch eine größere Anzahl Bücher und Verzeichnisse geführt, z. B. das warrant book, in dem die Haftbefehle und ihre Erledigung, das register of warrants of distress and commitment, in dem die Vollstreckungs- und Verhaftungsaufträge kontrolliert werden, des gaolers press copy book, in dem sämtliche Vollstreckungsersuchen an die Gefängnisse abgeklatscht werden[247]), sowie weitere Register über die von den einzelnen Beamten vereinnahmten Beträge (cash und receipt books, instalment ledger[248]) usw.) und über die ausgestellten recognizances (security book); ihre nähere Einrichtung interessiert nicht.

Finanz- und Kostenwesen.

Ihren Finanzverhältnissen nach sind die Polizeigerichte reine Polizeiinstitute. Der Polizeikämmerer (receiver for the metropolitan police district), ein hochgestellter Beamter, ist fiduziarischer Eigentümer wie des sonstigen Polizeieigentums, so auch alles Vermögens der Polizeigerichte[249]); er hat ihre Unterhaltung und sonstigen Bedürfnisse aus der Polizeikasse, dem metropolitan police fund, zu bestreiten und in finanzieller Hinsicht die Aufsicht über den chief clerk, dem die Buch- und Kassenführung bei dem einzelnen Gericht obliegt, zu führen. Die Gehälter sämtlicher Beamten, mit Ausnahme der Richtergehälter, die aus allgemeinen Staatsmitteln bestritten werden[250]), werden von ihm bezahlt; er bezieht auch alle Einnahmen der Polizeigerichte, insbesondere die Gebühren (fees) und Geldstrafen (fines)[251]), soweit letztere nicht ausnahmsweise an andere Stellen[252]) abzuführen sind.

---

[247]) Vgl. oben bei Anm. 203.

[248]) S. J. Rules r. 9.

[249]) Vgl. M. P. G. 13 ff.

[250]) Vgl. 38 & 39 Vict. c. 3, M. P. G. 62.

[251]) Einnahmen und Ausgaben der Polizeigerichte erscheinen daher in der Rechnung der Polizei; vgl. Accounts showing the sums received . . . for the purposes of the metropolitan police . . . 1910—1911 (Nr. 131 der House of Commons reports and papers 1911). Die laufenden Ausgaben betrugen danach: a) administrative expenses (Gehälter usw.) 28043 £ 9 s 2 d; b) für Errichtung und Erhaltung der Gerichtsgebäude sowie sonstige Ausgaben 19080 £ — s 5 d; c) Pensionen 4681 £ 16 s 8 d. Die Einnahmen an Ge-

Die Gerichtsgebühren, court fees, die erhoben werden, sind keine Gebühren für richterliche Tätigkeit, die unentgeltlich gewährt wird.[253]) Sie sind vielmehr Gebühren für die Tätigkeit des clerk und werden demgemäß nur für Schreibwerk erhoben. Der Tarif, table of fees[254]), der in jedem Polizeigericht aushängt, ist vom home office festgestellt; die Gebühren, die im allgemeinen ohne Rücksicht auf den Gegenstandswert in festen Sätzen erhoben werden, sind mäßig. Ein summons kostet 2 sh, ein affidavit 1 sh, ein Vollstreckungsauftrag (warrant of distress) 3 sh, ein order und die Aufnahme einer Friedensverpflichtung 2 sh, sonstige recognizances $2^1/_2$ sh; für Abschriften werden Schreibgebühren — und zwar in der Regel zum Satze von $^1/_2$ sh für die Seite zu 72 Worten berechnet. Die Gebühren sind unter Verwendung von Kostenmarken im voraus zu entrichten, werden jedoch dem Verfolger bei indictable offences in der Regel gestundet, weil sie ihm, wie gleich zu erörtern, meist aus Grafschaftsmitteln zu erstatten sind. Der Richter kann die Gebühren erlassen, falls Armut des Pflichtigen oder sonstige Gründe es ihm angemessen erscheinen lassen.[255]) Einen Anspruch darauf im Sinne unseres Armenrechts hat der Antragsteller in keinem Falle, die Gewährung hängt von dem freien, einer Nachprüfung entzogenen Ermessen des Richters ab.

Besondere Sätze und Grundsätze bestehen für die Erhebung der Gebühren in gewerblichen Streitigkeiten.[256]) Diese betragen: für Anbringung der Klage einschließlich Ladung 1 sh, für die Urteilsausfertigung und den Vollstreckungsauftrag je 2 sh, für judgment summons[257]) und Zeugenladung je 1 sh;

bühren und Geldstrafen betrugen 36044 £ 14 s 5 d; vgl. auch die Angaben des Receiver über die finanzielle Stellung der Polizeigerichte in Cd. 374 Ziff. 938 ff.

[252]) Vgl. das Verzeichnis M. P. G. 85.

[253]) Vgl. Weidlich, Das Kostenwesen in England, Schottland und Irland (1909) 9, 13.

[254]) Abgedruckt M. P. G. 153.

[255]) Criminal justice administration act 1851 (14 & 15 Vict. c. 66) s. 12, M. P. G. 263.

[256]) Table of fees im Anhang zu den rules des Lord Chancellor vom 16. Juli 1886 zum employers and workmen act 1875, M. P. G. 155, Atkinson 1180.

[257]) Ladung des Schuldners, der die Urteilssumme nicht zahlt, zwecks Erörterung, ob er trotz Zahlungsfähigkeit nicht gezahlt hat, in welchem Falle

bei einem Streitgegenstand von über 1 £ erhöht sich jede dieser Gebühren um 1 sh.

Neben den Gerichtsgebühren werden für Zustellungen und Vollstreckungen seitens der Polizei, deren Beamte sie anstelle unserer Gerichtsvollzieher vornehmen, besondere, gleichfalls vom home office festgestellte Gebühren [258]) erhoben, für Zustellungen 1 sh, für Zwangsvollstreckungen 1 sh, für Räumungen $2^1/_2$ sh. Eine Ausnahme machen Strafsachen sowie Ehe- und gewerbliche Streitigkeiten, in denen für die polizeiliche Tätigkeit Gebühren überhaupt nicht in Ansatz kommen.

Bare Auslagen, soweit sie erwachsen, trägt die Polizeikasse, vorbehaltlich des Rückgriffs an den Angeklagten, falls der Richter ihm die Kosten auferlegt.

Die Entschädigung von Zeugen und Sachverständigen ist grundsätzlich Sache des Beweisführers, der sie stellt.[259]) Tatsächlich findet nach den besonderen Grundsätzen über Kostenerstattung, wenigstens bei indictable offences, fast immer eine Übernahme dieser Kosten auf öffentliche Mittel statt. Nach dem costs in criminal cases act 1908[260]) kann nämlich der Polizeirichter bei indictable offences im summarischen Verfahren und im Vorverfahren die Kosten des Verfolgers wie des Angeklagten, einschließlich etwa aufgewendeter Anwaltskosten, auf Grafschaftsfonds anweisen, wir würden sagen, der Staatskasse auferlegen. Das geschieht bezüglich der Kosten der Verfolgung regelmäßig. Die Gerichtsgebühren werden deshalb dem Verfolger zunächst gestundet und nach Erlaß der richterlichen Anordnung gleich den Zeugen- und Sachverständigengebühren von dem clerk, der sie nach einem Tarif[261]) festsetzt, unmittelbar auf Grafschaftsfonds angewiesen und aus ihnen gezahlt. Tatsächlich werden danach die Kosten der Verfolgung bei in-

---

er bis auf 6 Wochen ins Gefängnis geschickt werden kann; vgl. Formular S. J. Rules, Teil II, nr. 5.

[258]) Table of fees M. P. G. 140.

[259]) Die Polizei hat für Ärzte, Dolmetscher und Tierärzte einen besonderen Tarif; vgl. table of allowances to witnesses, payable out of the metropolitan police fund, M. P. G. 155.

[260]) Gesetz und Ausführungsregulative in M. P. G. 289 ff., Formulare bei Atkinson 1172; vgl. über das Einzelne Weidlich a. a. O. 32 ff. und die dort S. 73 ff. abgedruckte Kostenrechnung.

[261]) Regulations vom 14. Juni 1904, M. P. G. 295.

dictable offences schließlich nicht vom Verfolger, sondern aus öffentlichen Mitteln gedeckt; immerhin hat der private Verfolger zunächst seine Kosten vorzuschießen auf die Gefahr hin, daß ihm nachher einzelne als unangemessen abgesetzt werden.[262]) Er hat auch das Risiko, daß bei unbegründeter Strafverfolgung der magistrate ihm auch noch die Kosten des Angeklagten auferlegt. Bis zu einem gewissen Grade gilt also auch heute noch die Bemerkung Walter Scotts »that the English law, in addition to the inconvenience sustained by persons who have been robbed or injured, has the goodness to intrust to them the care and the expense of appearing as prosecutors.[263]) Wie bequem und billig wird es dagegen dem deutschen Staatsbürger gemacht; eine Denunziation genügt, um den ganzen Apparat staatlicher Machtmittel im Interesse des Verletzten, das nicht immer auch das der Allgemeinheit ist, in Bewegung zu setzen.

Bei non indictable offences[264]) hat der Angeklagte, sofern er nicht zu einer höheren Strafe als 5 sh verurteilt ist, vorbehaltlich besonderer Anordnung des Richters grundsätzlich keine Kosten zu erstatten; der Verfolger erhält dann jedoch, wenn sie ihm nicht schon gestundet sind, die von ihm verauslagten Gerichtsgebühren und nur diese, nicht seine sonstigen Auslagen erstattet. In allen anderen Fällen — und das gilt auch in Zivilsachen — findet eine Kostenerstattung vom Verfolger an den Angeklagten und umgekehrt dann und in der Höhe statt, wenn und soweit der Richter dies nach freiem Ermessen bestimmt.[265]) Die Staatskasse oder öffentliche

---

[262]) Vgl. als Beispiel die Anm. 260 erwähnte Kostenrechnung.

[263]) Scott, the heart of Mid-Lothian Bd. 2, Kap. 8 (Tauchnitz edition 2, 94).

[264]) Vgl. S. J. A. 1848 s. 18, S. J. A. 1879 s. 8 und Weidlich a. a. O. 42 ff.

[265]) Der Richter hat hier eine beneidenswerte Ermessensfreiheit; vgl. S. J. A. 1848 s. 18: it shall be lawful for the justice . . . in his . . . discretion . . . to award and order . . . that the defendant shall pay to the prosecutor or complainant respectively such costs as to such justice . . . shall seem just and reasonable in that behalf. Der Betrag der zu erstattenden Kosten wird im Urteil gleich festgesetzt, z. B. 10 sh fine + 2½ sh costs. Unter den Begriff der Kostenerstattung fällt auch, wenn dem wegen Trunksucht Verhafteten stets die Erstattung der von der Polizei etwa verauslagten doctors fee statt oder neben der Strafe auferlegt wird. Ist nämlich jemand unter dem Verdacht der Trunkenheit eingeliefert, bestreitet aber trunken zu sein, so wird

Fonds tragen diese Kosten nie; sie werden wie Geldstrafen beigetrieben und können — wiederum kein Beweis für die Achtung persönlicher Freiheit in England — sogar in Freiheitsstrafe bis zu einem Monat umgewandelt werden.

der Polizeiarzt zur Untersuchung veranlaßt. Eine Abschrift des von ihm ausgestellten Attestes, das am Tage 3 sh 6 d, nachts 7 sh 6 d kostet, geht mit dem charge sheet zum Gericht; im court register wird in einer besonderen Spalte (vgl. Anm. 245) auf die Zahlung verwiesen. Vgl. Cd. 4156 S. 114 ff. und Cd. 4261 Ziff. 44157, 45968.

Literaturübersicht und Abkürzungsverzeichnis.

(Die nachstehend verzeichneten Werke sind, wenn nichts anderes angegeben, nur mit dem Namen des Verfassers zitiert.)

Atkinson, Ch. M., The magistrates general practice. 8th ed. London 1911.

C. 6962 = Report of departmental committee of 1892—93 upon the number and limits of the metropolitan police court districts. Parl. papers by command 1893 [C. 6962].

C. 6962 App. = Appendices zu C. 6962. Parl. papers by command 1893 [C. 6962—1].

Cd. 374 = Report of the departmental committee appointed by the secretary of state for the home department to inquire into the jurisdiction of the metropolitan police magistrates and county justices respectively in the metropolitan police court districts; together with minutes of evidence, appendices and indices. Parl. papers by command 1900 [Cd. 374].

Cd. 2215. = Report of the departmental committee appointed by the secretary of state for the home department to inquire into the question of metropolitan police court jurisdiction in Middlesex. vol. I. report. Parl. papers by command 1904 [Cd. 2215].

Cd. 2216 = Vol. II. minutes of evidence zu Cd. 2215. Parl. papers by command 1904 [Cd. 2216].

Cd. 4156 = Report of the royal commission upon the duties of the metropolitan police together with appendices. Vol. I. Parl. papers by command 1908 [Cd. 4156].

Cd. 4260, 4261 = Minutes of evidence taken before the royal commission upon the duties of the metropolitan police together with appendices and index vol. II und III. Parl. papers by command 1908 [Cd. 4260, 4261].

Cd. 5001 = Report of the departmental committee on the probation of offenders act, 1907. Parl. papers by command 1910 [Cd. 5001].

Cd. 5002 = Minutes and appendices zu Cd. 5001. Parl. papers by command 1910 [Cd. 5002].

Cd. 5358 = Minutes of evidence taken by the royal commission on the selection of justices of the peace with appendices and index. Parl. papers by command 1910 [Cd. 5358].

Cd. 5959 = Report of the Commissioner of Police of the Metropolis for the year 1910. Parl. papers by command 1911 [Cd. 5959].

Crim. Stat. = Criminal statistics, part I der judicial statistics, England and Wales 1909. Parl. papers by command 1911 [Cd. 5473].

Gamon, Hugh. R. P. The London police court to day and to morrow. London 1907.

Gerland, H. Die englische Gerichtsverfassung. 2 Bde. Leipzig 1910.

Glover Alexander, G. The administration of justice in criminal matters. Cambridge, University Press 1911.

Greenwood, James (der im Auftrage des Daily Telegraph 4 Jahre lang täglich ein Londoner Polizeigericht besucht hat). The prisoner in the dock. My four years daily experiences in the London police courts. London 1902.

Holmes, Th. (Polizeigerichtsmissionar), Pictures and problems from London police courts. London 1902.

I. O. A. = Indictable offences act.

Liepmann, P., und Mannhardt, W. Summarisches Strafverfahren in England und Strafverfahren in Schottland. Berlin 1908.

M. P. A. = Metropolitan police act (1829, 1839 etc. abgedruckt M. P. G. 24 ff.).

M. P. C. A. = Metropolitan police courts act (1839, 1840 abgedruckt M. P. G. 62 ff.).

M. P. G. = The metropolitan police guide. 5th ed. by James Roberts, London 1911 (1734 S. Preis 9 sh, enthält fast alle für die Londoner Polizeigerichte in Frage kommenden prozeß- und materiellrechtlichen Vorschriften im Wortlaut.)

M. P. I. B. = Instruction book for the government and guidance of the metropolitan police force. 1900 (nicht im Buchhandel, eine neue erweiterte Ausgabe befindet sich im Druck).

Oke = Oke's magisterial formulist being a collection of forms and precedents. 9th ed. by Percy Thomas Baker, London 1910.

Plowden, A. Ch. (Polizeirichter im Marylebone Polizeigericht), Grain or chaff? the autobiography of a police magistrate. London 1903.

S. J. A. = Summary jurisdiction act.

S. J. Rules = The summary jurisdiction rules 1886 (abgedruckt Atkinson 1132 ff.; den rules angehängt sind Formularmuster, die des Teil I sind bloß mit der Nummer zitiert).

Anlage I zu Seelmann, Londoner Polizeigerichte: charge sheet.

X.[1]) 39 107. Metropolitan Police.

Charges taken at Harrow Road Police

No. of Charge.	Date and hour brought to station.	Persons Charged.			Charge.	Persons charging. Name. Address, and occupation.	Witnesses name and address.
		Age.	Name, Address, and Occupation.	Administrative county in which charged.			
1	4.45 p.m. 3/8/04	32	Frederick R. Mallows, 29, Treverton Street, North Kensington. Stoker.	London.	Drunk and disorderly at Kensal Road, Parish of Paddington. Further charged with assaulting P. C.[2]) 300 X[1]) Worsley by striking him in the face with his fist whilst in the execution of his duty at the same time and place.	Iven Worsley, P. C. 300 X.	Alfred Waylett, P. C. 104 X.
2	4.45 p.m. 3/8/04	42	George Wilson, 271, Kensal Road, North Kensington. Labourer.	London.	Attempting to rescue Frederick R. Mallows from the lawful custody of P.C. 300 X. Worsley at Kensal Road, Parish of Paddington. Further with violently resisting his lawful apprehension whilst on way to Harrow Road Police Station. Drunk when charged.	Iven Worsley, P. C. 300 X.	Alfred Waylett, P. C. 104 X.

Note.—State below whether the prisoner was taken into custody (a) without warrant;

Charge No. 1, without warrant.

Charge No. 2, without warrant.

---

[1]) X: Bezeichnung der division.

[2]) Police constable.

[3]) Vgl. oben S. 41 Anm. 153.

[4]) Vgl. oben S. 41.

[5]) Polizeirichter.

X or Kilburn Division.

Station on the 3rd day of August 1904.

Taken into custody by.	Property found on person and elsewhere.	At the Station House.		Signature of police officer taking the charge[4]).	Magistrate[5]) before whom the charge is brought.	Charge: how disposed of by Magistrate and what offence proved.	Remarks by Magistrate[7]).
		Detained.	Or hour admitted to bail[3]).				
Iven Worsley, P. C. 300 X.	Nothing.	Detd.	10 p. m. 3/8/04	H. Dellow, Sergeant.	A. Chichele Plowden, Esq.	40/- or 1 month. (Dk. and dis.).[6])	
Iven Worsley, P. C. 300 X.	Nothing.	Detd.	10 p. m. 3/8/04	H. Dellow, Sergeant.	A. Chichele Plowden, Esq.	Discharged, S. J. Act.	

(b) on warrant in first instance[8]); (c) on warrant after failure to appear to summons[9]).

Ino. Evans,
Acting Superintendent[10]).

---

[6]) 40 sh Geldstrafe, im Unvermögensfalle 1 Monat Gefängnis (drunk and disorderly).

[7]) Vgl. oben Anm. 172.

[8]) Haftbefehl ohne vorherige Ladung.

[9]) Vgl. oben S. 58.

[10]) Divisionsvorsteher.

Anlage II zu Seelmann, Londoner Polizeigerichte:
Grundriſs eines Sitzungssaals. (Die schraffierten Teile sind erhöht.)

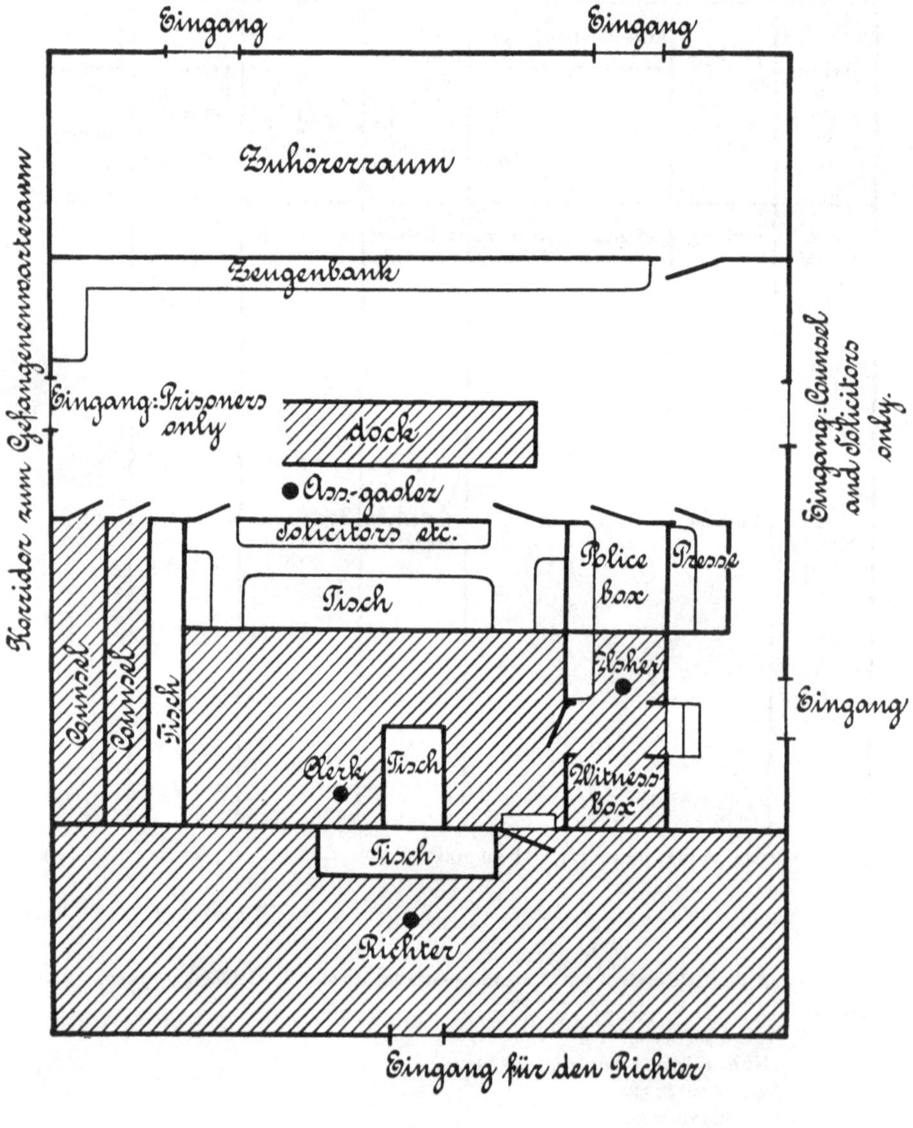

Druck von Leonhard Simion Nf. in Berlin SW. 48.

FSC
www.fsc.org
MIX
Papier | Fördert
gute Waldnutzung
FSC® C083411

Kolibri 360 GmbH
Ferdinand-Jühlke-Straße 7
99095 Erfurt, Deutschland
produktsicherheit@kolibri360.de